普通高等院校民航特色专业统编教材·安保专业

安检仪器使用与维护

高佩华　主编

中国民航出版社

图书在版编目（CIP）数据

安检仪器使用与维护/高佩华主编. —北京：中国民航出版社，2015.6（2016.7 重印）
ISBN 978-7-5128-0255-1

Ⅰ.①安… Ⅱ.①高… Ⅲ.①民用航空-安全检查-仪器-使用方法-高等职业教育-教材②民用航空-安全检查-仪器-维修-高等职业教育-教材 Ⅳ.①F560.81

中国版本图书馆 CIP 数据核字（2015）第 130987 号

安检仪器使用与维护

高佩华　主编

责任编辑	刘庆胜	
出　版	中国民航出版社（010）64279457	
地　址	北京市朝阳区光熙门北里甲 31 号楼（100028）	
排　版	中国民航出版社录排室	
印　刷	北京金吉士印刷有限责任公司	
发　行	中国民航出版社（010）64297307　64290477	
开　本	787×1092　1/16	
印　张	10.25	
字　数	241 千字	
版 印 次	2015 年 7 月第 1 版　2016 年 7 月第 2 次印刷	
书　号	ISBN 978-7-5128-0255-1	
定　价	30.00 元	

官方微博　http://weibo.com/phcaac
淘宝网店　https://shop142257812.taobao.com
电子邮箱　phcaac@sina.com

民航特色专业统编教材编写委员会

本书编写组

主　编：高佩华（上海民航职业技术学院）

编　委：伍　毅（中国民用航空飞行学院）

　　　　梁志锋（上海虹桥国际机场）

　　　　张　舰（上海国际机场股份有限公司）

　　　　季玲玲（上海民航职业技术学院）

出版前言

当前，我国民航事业呈现快速发展态势，人才需求巨大，人才缺口矛盾突出。为深入实施"科教兴业"和"人才强业"战略，进一步加快民航专业人才培养，提高人才培养质量，努力为推动民航强国建设提供更加强有力的人才保障，在院校教育方面必须十分注重教学基本建设，编写民航统编教材便是其中的一项重要工作。

民航局高度重视统编教材编写工作，自2012年首次推出"空管专业统编教材"以来，其他特色专业教材也得到了应有的重视和系统开发，此次安保专业统编教材的编写出版就是在民航局高度重视下取得的又一成果。该套教材由中国民航大学、中国民航飞行学院、中国民航管理干部学院、广州民航职业技术学院、上海民航职业技术学院共同参与完成，延续了民航特色专业统编教材的编撰宗旨，在内容、体例、规范等方面更加严谨、务实，编者多是长期从事民用航空安全保卫教学和研究工作的资深教师及富有民航安保实践经验的一线专业人员，书稿中的重要内容均经过安保专家审核把关。该套丛书体现了权威、创新、普适的特点，填补了多年来民航安保专业教材的空白，既适合民航大中专院校、社会上各类航空培训机构用作教材，也可作为民航一线员工拓展安保知识、增强实战能力的培训用书。

系统编写出版民航安保专业统编教材在民航教育史上尚属首次，不足之处在所难免，诚恳地欢迎大家在教材使用过程中提出改进意见，使统编教材日臻完善。

中国民航出版社

2015 年 1 月

前　言

经过新中国成立后 60 多年的建设，特别是改革开放以来的持续快速发展，我国已成为航空运输大国，民用航空已成为我国国民经济中的一项重要产业。但是由于日益严峻的国内外反恐形势，各国均对民航安全检查给予高度关注并采取了积极的措施，因此民航安检的重要性日益突出。

安检仪器使用与维护是民航高职安全技术管理专业的一门核心课程。本课程要求以实际工作过程中多个典型安检设备为载体，参照国家安检职业技能鉴定考核标准和民航安全管理领域相关规范编写教材。教材内容的组织应充分体现以民航特色职业活动为导向、以职业能力为核心，按照由浅入深的原则安排学习，紧扣安检职业能力要求，让学生掌握安检仪器使用与维护的知识。

为了适应民航安全技术管理专业的发展要求及相关教学需要，同时也是为了提高广大民航安检从业人员的专业知识水平和实际工作过程中分析解决问题的能力，我们编写了《安检仪器使用与维护》一书。

在本书编写的过程中，我们特别把握了以下三个方面的问题：一是教材的知识性，着重对常用的安检仪器的基本知识和基本概念进行阐述；二是实践性，理论联系实际，对于安检现场的人身检查、箱包检查、液态物品检查、车辆检查等岗位的安检仪器进行有针对性的介绍；三是新颖性，力求依据我国和国际的安检现状，介绍国内外空防安全相关设备的最新研究成果及发展方向。

全书涉及实际安检工作中多种安检仪器的基本原理、基本操作、注意事项以及仪器维护等内容。本书共设有六个章节：第一章 手持金属探测器；第二章 金属武器探测门；第三章 X 射线安全检查设备；第四章 痕量爆炸物安全检查设备；第五章 车底违禁物品安全检查系统；第六章 国际安检设备介绍。

参加本书编写工作的有上海民航职业技术学院高佩华副教授、季玲玲教师，中国民用航空飞行学院伍毅讲师，上海虹桥国际机场梁志锋工程师，上海国际机场股份有限公司张舰技师。全书由高佩华统稿，张舰、高佩华审稿。

中国民用航空飞行学院伍毅讲师编写：第一章第一节、第二节、第三节、第四节；第三章第一节、第二节、第三节、第四节、第五节、第六节。

上海民航职业技术学院高佩华副教授编写：第二章第一节、第二节、第三节、第四节、第五节；第三章第七节；第四章第五节。

上海虹桥国际机场梁志锋工程师编写：第四章第一节、第二节、第三节、第四节；第五章第一节、第二节、第三节、第四节。

上海民航职业技术学院季玲玲教师编写：第六章第一节、第二节、第三节、第四节、第五节。

高质量的安检服务人才的培养需要建立在科学的培养模式、严谨的学科建设、规范的课程体系以及合理的课程内容与有效的教学方法基础上。希望本教材的编写能在优化民航安全服务及相关专业培养方案、完善课程体系、丰富教学内容、传播交流民航特色专业教学改革方面，尽微薄之力。对于教材使用中的问题，我们衷心希望得到广大师生的积极反馈及专业学者的批评指正，并会全力以赴地不断提升教材的品质，以更好地服务于民航安检行业。

高佩华

2015 年 5 月

目　录

第一章 手持金属探测器

随着电子技术的进步，金属探测器从电子管、晶体管乃至集成电路，有了更新换代的发展，其应用范围几乎扩大到各个领域，对工业生产及人身安全起着重要的作用。目前，金属探测器大致分为两种类型：（1）安装在冶金、烧结、玻璃、化工、卷烟等工厂生产线的自动传送皮带上，用以检测矿石、烟草等原料中混入的废金属，保护破碎机不受损坏，此类称为"工业型金属探测器"；（2）安装在机场、银行、珠宝店和珠宝制造厂等，需要对过往人员进行检测，以使贵重物品不丢失及排除危险品、枪支等，此类称为"安全型金属探测器"。迄今为止，金属探测技术的基本原理仍然是电磁感应原理。

民航机场所使用的金属探测门和手持金属探测器都属于典型的安全型金属探测器。手持金属探测器是安检过程中人身检查的重要辅助工具，用于查找旅客身上的金属物品，提高安检人员的人身检查效率。

第一节 手持金属探测器的基本原理

一、电磁感应原理

1831 年 8 月，M. 法拉第在软铁环两侧分别绕两个线圈，其一为闭合回路，在导线下端附近平行放置一磁针，另一与电池组相连，接开关，形成有电源的闭合回路，如图1.1.1 所示。实验发现，合上开关，磁针偏转；切断开关，磁针反向偏转，这表明在无电池组的线圈中出现了感应电流。法拉第立即意识到，这是一种非恒定的暂态效应。紧接着他做了几十个实验，把产生感应电流的情形概为 5 类：变化的电流，变化的磁场，运动的恒定电流，运动的磁铁，在磁场中运动的导体，并把这些现象正式定名为电磁感应。进而，法拉第发现，在相同条件下不同金属导体回路中产生的感应电流与导体的导电能力成正比，他由此认识到，感应电流是由与导体性质无关的感应电动势产生的，即使没有回路没有感应电流，感应电动势依然存在。法拉第及前人的发现，深刻地揭示了运动的电产生磁，运动的磁产生电。

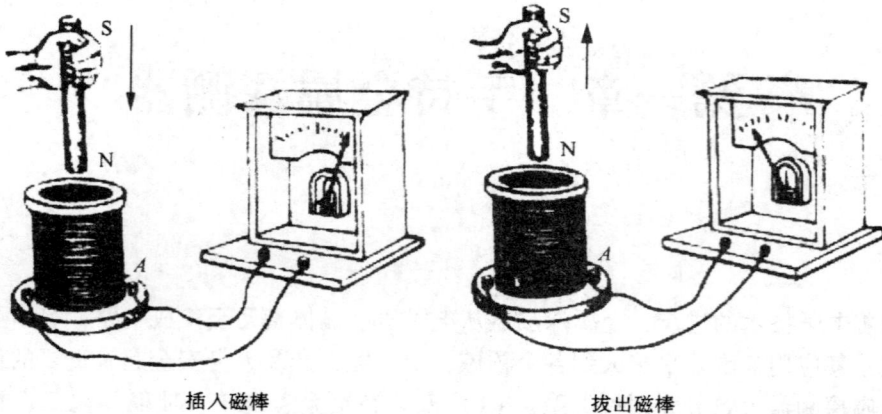

图 1.1.1　法拉第电磁感应原理实验图

　　只使用法拉第电磁感应定律，并不容易决定感应电流方向。1834 年，俄国物理学家海因里希·楞次（H. F. E. Lenz，1804—1865）在概括了大量实验事实的基础上，总结出一条判断感应电流方向的规律，称为楞次定律。楞次定律是能量守恒定律在电磁感应现象中的具体体现，可概括表述为：感应电流具有这样的方向，即感应电流的磁场总要阻碍引起感应电流的磁通量的变化。

　　如果回路上的感应电流是由穿过该回路的磁通的变化引起的，那么楞次定律可具体表述为："感应电流在回路中产生的磁通量总是反抗（或阻碍）原磁通的变化。"这个表述称为通量表述，这里感应电流的"效果"是在回路中产生了磁通量，而产生感应电流的原因则是"原磁通的变化"。如果感应电流是由组成回路的导体作切割磁感线运动而产生的，那么楞次定律可具体表述为："运动导体上的感应电流受的磁场力（安培力）总是反抗（或阻碍）导体的运动。"这个表述称为力表述，这里感应电流的"效果"是受到磁场力，而产生感应电流的"原因"是导体作切割磁感线的运动。

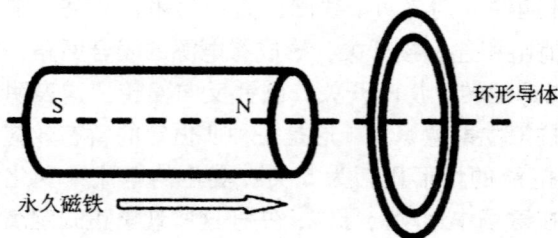

图 1.1.2　楞次定律实验图

　　如图 1.1.2 所示，在环形导体的左边有一块永久磁铁，其北极指向环形。假若，将磁铁往环形方向推进，则通过环形的磁通量会增强。根据楞次定律，从磁铁往环形看，感应电流会呈逆时针方向。这是因为呈逆时针方向的感应电流所产生的磁场，其方向跟磁铁的磁场方向相反，会使得总磁场比磁铁的磁场微弱，从而抵抗磁通量的改变。反之，假若，将磁铁往反方向拉离环圈，则通过环圈的磁通量会减弱。根据楞次定律，从磁铁往环圈看，感应电流会呈顺时针方向。这是因为呈顺时针方向的感应电流所产生的磁场，其方向跟磁铁的磁场方向相同，会使得总磁场比磁铁的磁场强劲，从而抵抗磁通量的改变。此外改变磁铁磁性强度和环形面积大小，感应电流方向亦会随之发生改变。

二、工作原理

（一）主要结构

手持金属探测器的结构示意图如图 1.1.3 所示，本金属探测器由高频振荡器、振荡检测器、音频振荡器和功率放大器等组成。

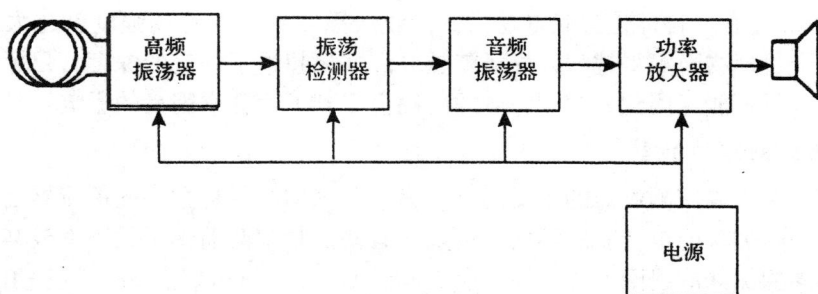

图 1.1.3　手持金属探测器结构示意图

（二）探测原理

调节高频振荡器的增益电位器，恰好使振荡器处于临界振荡状态，也就是说刚好使振荡器起振。当探测器靠近金属物体时，由于电磁感应现象，会在金属导体中产生涡电流，使振荡回路中的能量损耗增大，正反馈减弱，处于临界态的振荡器振荡减弱，甚至无法维持振荡所需的最低能量而停振。如果能检测出这种变化，并转换成声音信号，根据声音有无，就可以判定探测线圈下面是否有金属物体。人身检查过程中若检测到某一部位，金属探测器报警则表明有金属物品。

三、影响因素

（一）工作稳定性影响因素

（1）电感变化引起振荡频率的改变和电容变化引起振荡频率的改变其效果是一致的。因此，制作线圈时要考虑杂散电容和人体感应电容引起的频率变化，这些变化将产生伪信号，制作线圈时导线无需整齐排列，将线圈加以屏蔽并接到合适的接地点。

（2）线圈潮湿受震会引起振荡器振幅变化，为此必须对线圈进行防潮、防震处理。一般采用绝缘性能好的塑料软导线作为绕制线圈的导线，接头处要牢固，还可以用聚氯乙烯塑料溶液封装，待干固后成为一体。防震可采用环氧树脂固定线圈匝间的相对位置，同时可防潮，这样处理后振荡器工作稳定。

（3）探测器在现场应用中，由于环境温度的变化，仪器元件参数也会改变，影响仪器工作的稳定，为此要注意使用场所的温度比较稳定。

（4）为了确保振荡器工作的稳定，金属探测器一般至少采用两级稳压或滤波电路之一种避免干扰。

（二）准确度影响因素

金属探测器特别适合用来寻找隐藏的金属物品。但一般来说，金属物品的隐藏深度需在 30 cm 以内，探测器才能找到它们。多数探测器都有一个正常最大探测深度，大约在 20 至 30 cm 左右。目标物隐藏得越浅，接收线圈收集到的磁场强度就越大，产生的电流也越大。目标物隐藏得越深，磁场就越弱。如果超过了一定的深度，目标物磁场强度过于微弱，就不能探测到。探测深度的准确值受到下面几个因素的影响：

1. 金属探测器的类型

探测技术是影响探测能力的主要因素。另外，采用同一种技术的探测器之间也会有区别，它们的附加功能也会有所不同。例如，有些低频探测器使用的频率较其他探测器更高，而不同探测器的线圈大小也会有所不同。此外，不同的生产商、同一生产商不同型号的产品所采用的传感技术和放大技术也不尽相同。

2. 目标物的金属类型

不同的金属产生磁场的能力不一样，能产生较强磁场的金属更易于探测。例如，铁能产生较强的磁场，容易探测，而铝则不容易探测。

3. 目标物的大小

目标物的大小影响了磁通量的大小，从而影响感应强度。目标物越大，感应电流强度越大，越容易探测。

4. 目标物成分

某些物质属于自然导体，可能会严重干扰金属探测器。

5. 目标物的边带效应

如果某些类型的金属目标物隐藏时间比较长，这实际上会增强邻近物质的导电能力。

第二节　手持金属探测器的操作

本节以我国机场广泛使用的意大利启亚（CEIA）PD140 系列产品为例，介绍手持金属探测器的操作。

一、启亚 PD140 的特性

（一）PD140 简介

PD140 手持金属探测器用于探测人体或包裹、行李、纸箱等物体内藏匿的武器、雷管和微小金属物品。PD140 手持金属探测器探测面的特殊设计，使该设备灵敏度高，且操作方便。

1. 适用范围

法院、监狱、看守所；体育馆、博物馆、娱乐场所等公用事业设施；机场、港口：工业设施、文化圣地、军事设施、数据处理中心等。

2. 技术性能

尺寸：340 mm×40 mm（手柄直径）×80 mm

电源：9 V 叠层电池或 9 V 镍镉电池带充电器

作业温度：−15℃～+60℃

重量：365 g（含电池）

开关：三相开关用于选择灯光报警或声音报警

报警：蜂鸣器+脉冲式声音+灯光

灵敏度：探测灵敏度分高、中、低三档可调

（二）结构

PD140 的结构如图 1.2.1 所示。

1. 商标

PD140 是意大利启亚（CEIA）生产的一款高探测性能的手持金属探测器。

2. 报警灯（ALARM）

当探测器探测到金属时，此灯会以红色不停闪烁，并伴随蜂鸣器的鸣叫或者振动马达的振动。

3. 低电量报警灯（LOW BATTERY）

当探测器内电池电量过低需要充电或者更换电池时，此灯会以黄色闪烁提醒使用者充电或者及时更换电池。

4. 电源指示灯（POWER）

显示探测器内有无电池或电池有无电量，当探测器内有电池且有电量时，打开开关后，此灯会以绿色显示电池有电。

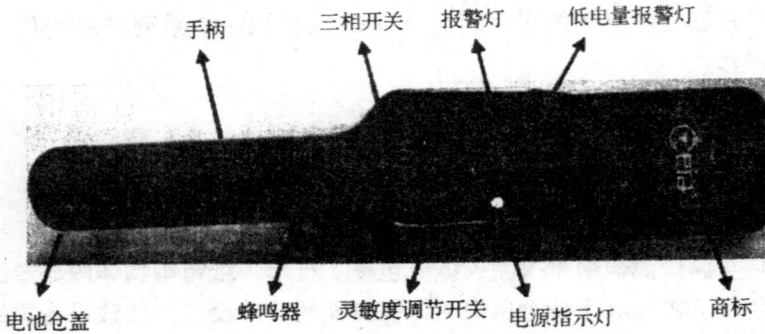

图 1.2.1　启亚 PD140 手持金属探测器结构示意

5. 灵敏度调节开关（SENSITIVITY ADJUSTMENT）

PD140 按照顺时针方向有低（LOW）、中（NORMAL）、高（HIGH）三个灵敏度档位，分别对应三个灵敏度，通常工作时使用中档灵敏度。

6. 三相开关（POWER/MODE SWITCH）

PD140 的开关有三种模式，开关按到左面是蜂鸣模式，当检测到金属时会鸣叫；开关按到中间状态是关机模式，停止使用时开关必须停留在此位置；开关按到右面是振动模式，当检测到金属时内置电动马达会不停地振动。

7. 蜂鸣器（ALARM BUZZER）

当探测器开关置于蜂鸣模式，检测到金属时，蜂鸣器就会发出短促连续的"滴滴滴"的声音进行报警。

8. 手柄（HANDLE）

使用时手持的位置。

9. 电池仓盖（BATTERY COMPARTMENT SCREW—CAP）

电池仓是安放普通电池或充电电池的地方，当放置充电电池时，可以将手持金属探测器直接插入充电器内充电。

二、操作

（一）电池安装

PD140 金属探测器可由 9 V 干电池或 Varta TR7/8 型镍氢充电电池及类似产品供电。

拧下手柄末端的盖，并根据电池仓口处的极性指示正确插入电池，然后拧紧后盖，保证电池接触良好。

（二）开机

三相开关可向左或向右拨动，由此来选择两种操作报警模式。向左为报警指示灯和蜂鸣声同时进行，向右为报警指示灯和振动同时进行，中间为关闭电源。随后探测器报警指示灯将闪烁几秒，此时应使探测面离开任何金属物品，直至上述灯熄灭。如电源指示灯以绿色亮起，表明电池电量充足。如低电量报警灯以黄色亮起，表明需要更换干电池或给镍氢电池充电了。

（三）灵敏度调节及操作指导

PD140 金属探测器配备有灵敏度调节开关，有三档（低、中、高）可供选择。一般情况下，灵敏度应设在中档 NORMAL，其他范围使用则取决于被测金属物体的尺寸和距离。PD140 金属探测器的灵敏度区域位于装置的下部平面区内，测量面积为60 mm×140 mm。

（四）电池充电

注意不要对干电池进行充电。

将 PD140 的手柄插入 BC140 充电器就可充电。充电前必须确认电池仓中的电池为可充电电池，打开充电器开关到 ON 位置，电源指示灯亮起确认电源存在。充电时探测器必须关闭。完全充电所需时间为 16 h。

第三节　手持金属探测器的维护

一、维护/保养

（1）金属探测仪在不使用时，应将开关置于"OFF"，并保持金属探测仪外表整洁、干燥。

（2）电池长时间不用一定要取出，并在保存时注意防止电池短路。

（3）电池槽内所放干电池或镍氢电池的电压为 9 V，不可超过 9 V，否则可能会损坏探测器内部元器件。

（4）任何情况下都不可以将手持金属探测器置于水中或者接触大量的水，以防止内部元器件短路损毁。

（5）使用中避免探测器与硬物大力碰撞或从高处跌落而损坏内部元器件。

（6）充电时一定要确定电池仓中放入可使用的充电电池，切不可给干电池充电，避免发生爆炸。

（7）为维持手持金属探测器外表整洁，可用湿布擦洗，但不可用化学清洁剂清洗。

二、常见故障及排除方法

表 1-3-1　手持金属探测器常见故障及排除方法

故障类型	故障原因	排除方法
开机 1～2 秒后振动或者报警不停。	大多数原因是仪器灵敏度过高和电池电压不足。	将探测器灵敏度调低；调整后仍不能排除的，给电池充电或更换电池。
开机红灯长亮，不报警，不振动。	一般为探测器停用时，电池未取出，电池长期缓慢放电导致电量不足。	应更换新电池；注意电池盒是不是被电池漏液污染了，如污染要及时清洗，否则会腐蚀损坏电池扣和电路板，可以用纯酒精或者专用电子清洗剂清洗。
开机后探测任何东西都报警或轻微晃动也报警。	一般是因为将灵敏度调得过高，或在调高灵敏度探测细小金属后，没有及时调到原来正常位置。	将灵敏度适当调低。
带振动的探测器，有时蜂鸣器工作正常，而转到振动时振动马达不能停下来。	电池电压明显下降，马达耗电超过蜂鸣器，电池电压只能保证蜂鸣器正常工作。	在振动的情况下，调低仪器灵敏度；应更换新电池或充电后再使用。
开机后或稍后出现长鸣现象。	该探测器开关特殊：往前是高灵敏度，往后（不能锁定）为较低灵敏度，中间是关闭状态。	出现啸叫时，只要在探测器正面的中部按下椭圆形按钮"RESET"复位键即可排除。
开机后出现时而正常时而不正常，一会报警，一会什么也没有。	电池接触不良。	打开电池盒重新压紧；电池扣过松的，用钳子轻轻夹紧即可；如电池扣没有弹性或损坏的，更换新的，更换时注意正负两极是否接反。

第四节　常见的手持金属探测器

如表 1-4-1 所示，各类型手持金属探测器外观和工作性能虽有差异，但一般都包括线圈、控制开关、灵敏度调节按钮、报警指示、电源等部件，都是利用电磁感应原理探测金属物品。

表 1-4-1　常见手持金属探测器

序号	产品型号	产品外观	性能及特点
1	MD-200 手持金属探测器		使用简单、方便，调整容易； 高灵敏度，能探测黑色金属和有色金属； 电池电压不足时会有自动连续声音告警； 采用循环开关切换声响报警或隐蔽振动报警功能； 具有声（或振动）和光同时报警功能。
2	MD-300 3B1 手持金属探测器		具备充电功能，充电时间为 4~6 h； 当电压不够时，指示灯不亮或无报警声； 灵敏度高，能探测黑色金属和有色金属； 采用循环开关切换声响报警和隐蔽振动报警功能； 可选择耳机； 最小可探测到一根回头针大小的物体。
3	GC1001 高灵敏度手持金属探测器		电源开关为摇臂式开关，灵敏度：Normal—off—Low； 声光报警，可插耳机； 一键复位功能，轻触按钮开关，回到常规的等待探测状态，特别是在出现虚假报警声和探测环境的温度有快速变化时尤为有用； 低电压指示。
4	GARRETT 手持金属探测器		高灵敏度，可探测到小金属，如大头针、订书针； 如遇干扰可通过调节按钮消除干扰； 开机自动检测，无需调整，扫描面积大，可快速准确完成探测； 灵敏度可调； 自动电量检测； 声、光警报显示； 自动重新调整及自检测。
5	GARRETT 多功能金属探测器		旋转磁场设计，可以 360°范围探测； 可以精确探测所有的微小金属物品； 体积小便于携带，可配备弹性编织套； 高灵敏度，无须调节； 振动加灯光报警； 顶端具有照明功能； 静音振动报警。
6	GG-140 无线充电式金属探测器		探测工作面大、均匀，超高灵敏度，操作简单方便； 无须调节探测灵敏度，有高低两档灵敏选择，薄膜轻触即可； 声光报警、振动报警一键式操作切换； 手握部分防滑工艺； 采用无线传输充电技术。

续表

序号	产品型号	产品外观	性能及特点
7	GG-008 考场专用手持金属探测器		一键开机以及选择报警模式； 一键式操作实现声光与静音/振动操作转换； 机体构成仅两部分，采用环保型防火材料且一次成型，具备一定防潮防尘效果； 能同时探测磁性与非磁性金属，对铜铝材质金属亦有优良的探测敏感度； 指示部分：红灯表示报警，绿灯表示电源，黄灯表示欠压； 带充电插口，即插即充，方便随时充电。
8	360° 探测金属探测器		旋转磁场设计，可以 360° 范围探测； 可以精确探测微小金属物品； 操作简单，自动重调； 可选择声音报警和振动报警； 电池电量自动测量，更换电池无须工具； 控制部分：ON、OFF、振动； 指示部分：红灯表示报警，绿灯表示电源，黄灯表示欠压。

【思考与练习】

1. 法拉第电磁感应实验中哪几种情形会产生感应电流？
2. 楞次定律的内容及其意义是什么？
3. 请阐述手持金属探测器的结构及工作原理。
4. 手持金属探测器工作稳定性容易受哪些影响？
5. 手持金属探测器的探测准确度受哪些因素影响？
6. 熟悉 PD140 系列手持金属探测器的操作。
7. 使用 PD140 系列手持金属探测器进行金属物品检查。
8. 熟悉 PD140 系列手持金属探测器的维护保养。

第二章 金属武器探测门

第一节 概 述

一、金属武器探测门的技术发展

金属武器探测门能够检查出一切具有一定重量金属成分的物品，包括磁性金属材料和非磁性金属材料。用于人身检查的金属武器探测器分为手持式和过道门式两大类，将金属武器探测器做成过道门框的形式，当人通过门框时其随身携带的金属物品就可以被检测出来，对于这种通行门称之为安全门。

金属探测门技术的发展是相当迅速的，自20世纪70年代以来金属探测门技术的发展大体经历三代产品更新。

第一代安全门产品是无源磁场计。它的装置结构形式是将磁通探头安装在棍棒或薄板中，由两根棍棒或两块薄板构成人行通道。其探测原理是在于测量地磁的变化。当有铁磁性金属物品通过探测区时，探测区的地磁受到扰动，以此来检测金属物品。因此，要求探测器具有很高的灵敏度，对探测器周围环境提出了很高的要求。日光灯、电动机以至汽车的启动点火都可能给探测器带来干扰，因此，系统的抗干扰能力很差。并且非铁磁性物质不能扰动地磁变化，如不锈钢、金、银、铜、铝等非铁磁物质，即使通过检测区也无法探测出来。随着用各种非铁磁性材料制成的武器和爆炸物的出现，这种设备的应用局限性受到了限制，难以获得广泛的用途。

第二代安全门产品是有源探测器。这代产品的更新正是针对无源探测应用的局限性而出现的，它不是靠测量地磁变化的原理，而是由探测器本身在探测区域建立一个稳定的交变电磁场，当有金属物体通过或靠近该探测区时，这个自建交变磁场的强度、相位和频率都将发生变化，从而检测出金属物品的存在。这种探测器不仅可探测铁磁性物质，也可以探测非铁磁性物质。由于自建场可以做得很强，相应的抗干扰能力也得到了提高，减少了误报警的发生。尽管第二代安全门产品比第一代产品得到了很大的改进，但是由于探测器自建的交变磁场是采用的连续正弦波电压激励法，这种"连续波法"

的交变磁场，在应用中为了克服周围环境的影响，保证足够的灵敏度，需要人工随时做好零平衡调整。此外，在连续强磁场背景下检测微弱信号，要求对探测线圈做出严格的位置调整和保持刚体形状。这些实际问题为产品的制造和使用增加了相当的困难。

第三代安全门产品在基本原理上是对有源金属探测门的进一步改进。在自建交变磁场"连续波法"金属探测原理基础上，在电子线路上采用了自适应锁相放大（自平衡锁相放大）和数字处理电子技术，从而克服了在工作中需要人为调整平衡的问题，使系统的灵敏度、稳定性、环境适应性和操作方便性都得到了改善。

第四代金属武器探测门是将连续波的工作方式改为脉冲波的工作方式。脉冲场技术是利用金属物通过检测通道时，由于涡流效应，脉冲后沿发生变化，接受线圈探测出这种变化，并通过处理电路辨别是否报警。由于这种技术只是在发射脉冲结束后，打开接受系统拾取有用信号，所以不要求收、发线圈之间的最小耦合。同时拾取有用信号的采样，采样期间可以限制很窄，这也进一步提高了通道式金属探测器的抗干扰能力。

尽管安全门已经过了四代产品的更新，但人们仍在不断改进这种探测器的性能，努力减少误报率。20 世纪 80 年代后期，金属探测门进入了单片机时代。数据采集、数据处理、控制显示和系统管理等工作，均可由一片或数片单片机担任，使设备的性能和功能得到了改进和提高。除了在总体结构、电路硬件上采取更强的抗干扰措施外，单板机可以针对不同的使用环境，采用不同的数学模型算法，用 DSP（信号处理器）对采集的信号进行分类处理，对金属物的材料和形状有一定的识别能力，减少了由此而引起的误报警，也使人和探测器的人机界面有了很大改善。按键功能由过去的一键一功能变为一键多功能。显示器不仅显示报警电平，而且也可显示设置状态、自检信息和错误代码。设备和设备之间、设备和计算之间协同工作，构成很强的系统。社会需求与科学进步使金属探测器已达到了造型美观、使用方便、维护简单和工作稳定。

目前我国民用机场使用的脉冲场方式的金属武器探测门有 02PN8HI-PE 型、METOR200 型。

二、金属武器探测门的用途及性能

（一）安全门的用途

利用安全门对金属物品发生报警的原理，探测通过安全门的旅客是否随身带枪支、子弹、管制刀具以及其他金属性危险物品。通过报警和显示，提示安检人员对旅客实施进一步检查。

（二）安全门的性能

脉冲式金属武器探测门具有独特的性能，符合主要安全标准和客户安全标准。它是通过感应寄生电流及均化磁场的数字信号处理方式而获得很高的分辨率，但发射磁场强度很低，对心脏起搏器佩戴者、体弱者、孕妇、磁性媒质和其他电子装置无害。

三、金属武器探测门的工作原理

（一）脉冲式安全门的工作原理

脉冲式金属武器探测门的工作原理是设备发生的一连串的脉冲信号产生一个时变磁场，该磁场对探测区中的导体产生涡流，涡流产生的次极磁场在接受线圈中产生电压。

（二）影响金属探测门的因素

1. 安全门本身的因素

探测场的场强、探测方法（连续场与脉冲场）、工作频率和探测程序是影响探测的最重要因素。对连续波金属探测器来说，频率越高，探测灵敏度就越高。但是，频率的提高增加了误报警的可能性。造成这种情况的主要原因是趋肤效应，频率越高，趋肤深度越小，有更多的场内能形成涡流，从而引起更大的场损失。对于脉冲场金属探测器，改变脉冲频率与连续波金属探测器改变频率的情况相类似。脉冲场金属探测器还可以通过改变脉冲持续时间和发射机电流断开与接受机打开之间的延误时间得到较好的探测效果。

无论连续波还是脉冲波金属探测器，探测能力都与导体内产生的涡流大小有关。因此，决定涡流大小的因素是影响探测器功效的主要因素。

2. 探测物的因素

探测物的质量和形状、金属种类和合金成分以及探测场的方向是影响探测的重要因素。例如，两个材料相同、质量不同的金属球，一个是实心的，一个是空心的，当它们通过金属探测器时，响应是不一样的。若这两个球的形状大小是一样的，只有质量不同，如果空心球的壁厚大于 5 倍趋肤深度，它们以同样的条件进入探测场，产生的涡流基本相同。如果空心球的壁厚小于几倍的趋肤深度，金属探测器的响应会有差别。另外，具有相同质量不同形状的物体，通过探测器的结果也不一样。我们用两块厚度和面积相同的铝板做实验，一块是边长为 3 in 的正方形，另一块是 1 in×9 in 的矩形，分别以相同的方式进入探测区。我们发现，方形铝板产生的响应大于矩形。这是因为方形铝板与矩形铝板包围磁力线的面积相等，产生的感应电压相等，但前者的周长小于后者的周长，因而，电阻小，涡流大。

探测物的材料特性也是影响探测效果的重要因素，在导电率相同的情况下，铁磁金属比非铁磁金属容易探测，而导电率很高的非铁磁金属比导电率很低的铁磁金属容易探测。

3. 测试者的因素

测试者的人体特征、测试者通过金属探测器的速率以及测试物在测试者身上部位的不同都会对探测结果带来影响。一般说来，探测物通过探测器速率过快或过慢都会影响探测效果，现代金属探测器对于以正常速率通过的探测物有很好的探测效果，那种极慢的挪动或飞奔而过会受到安检人员的制止。由于任何一个金属探测器在整个探测区内都不可能提供一个绝对一致的探测灵敏度，所以，同一个探测物当通过探测区不同部位时，可能探测结果是有差别的，但以最低灵敏度为设置标准，较好地解决了整个探测区灵敏度不一致的问题。

4. 周围环境的因素

使用环境存在有一些金属构件、金属家具、旅客携带的大件金属物品等，由于它们会随时变化，因而对背景嘈声和探测灵敏度都会产生影响。此外，环境温度和周围电磁场的变化也影响探测器的功能。

基于探测原理及有关因素的影响，我们从金属武器探测门的技术发展出发，选用了目前使用广泛的 02PN20 型和 METOR200 型向大家作一介绍。

第二节　02PN20 型金属武器探测门

一、结构

02PN20 型金属武器探测门由两部分组成：门体和电子控制装置。门体又由发射板（TX）、接收板（RX）构成。门体和电子控制装置连在一起，电子控制装置在门体的顶部。电子控制装置是一个使用抗震塑料保护包装的紧凑盒子，防护级别为 IP20，设计为可直接连接在门的横梁上。

电子控制装置内装有两个电控制器，一个主控制器和一个从控制器，每一个由以下部分组成：一个可变磁场发生器、一个接收器、一个处理控制器，它可以探测到某些形状、体积或组成的金属通过所产生的信号变化。

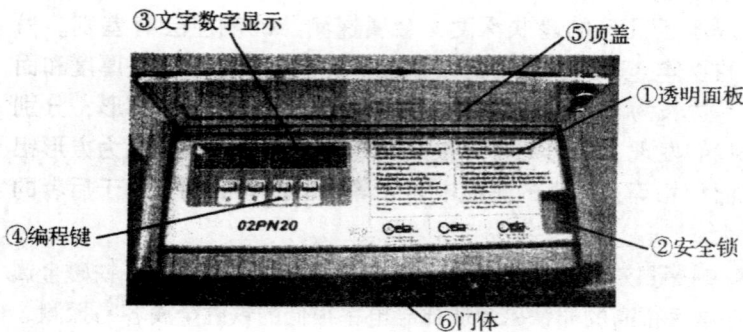

图 2.2.1　电子控制装置

电子控制装置又是文字数字显示和编程，由一个带安全锁的透明面板保护。在控制器上部有一个顶盖，用以保护控制板及其与天线、电源、数字线和从动线的接口。

底部插槽可以允许插入编程芯片卡（只用于主控制器）。主、从控制器的外观相同，通过位于后部连接器下方的标签来辨别，而且从控制器不带有芯片卡读卡器，里面设置有接收参数、报警信号参数、发射参数、管理参数等，门体是一个门形的收发器。见图 2.2.1 电子控制装置。

二、工作原理

02PN20 金属探测器由一个主电子控制装置、一个从电子控制装置和一个门形天线构成，它们是通过两根连接线来连接的（一根来自发射极，一根来自接收极）。

金属探测器主要是由一个可变的磁场发生器组成。它有一个接收器，依靠一个通讯网和一个处理部件，允许提取有用的信息，并确定所提取的信号变化是否由于某些形状、体积或组成的金属通过造成的。传感器形成一个感应系统并产生一个适当频率的脉冲电磁场，这个值适合于探测可能的危险金属物体和非个人物品（如硬币、钥匙、手表等）。当一个特别形状的金属物体通过时，电磁场通过一个被选择的电测力来报警，在经过电脑分析处理后，产生一个警报信号。

处理器也允许连接到外部电脑，以执行统计分析或远程控制。

主控制器包括一个键盘、一个双彩色显示屏和一个芯片读卡器，它可以提供警报信号并允许对金属探测器进行编程。

从控制器只是提供一个走/停信号：它的键盘无法使用且不包括芯片读卡器。

门板由高强度合成材料制成，门和两个显示栅条合而为一，一旦出现警报，栅条将显示出被探测到的金属物体的高度位置。

位于天线内部的两个光电管可对客流量、报警数和报警百分比进行统计。

主电源：输入电压：230 VAC±15%；输出电压—电流：30 VCC-1.3 A；主线使用 EEC 标准插头；防护等级（IEC529）：IP30。

应急电池：两节 12 V-0.8 Ah 的电池嵌于天线内，停电时自动启动并能工作约 30 min，电源恢复时自动充电。使用应急电池时，控制器屏幕上出现闪烁的字母"B"。关机后的充电时间约为 8 h。电池位于发射极板顶部的小室内，通过接头与充电板连接。

三、组装

（1）组装探测器：见图 2.2.2。

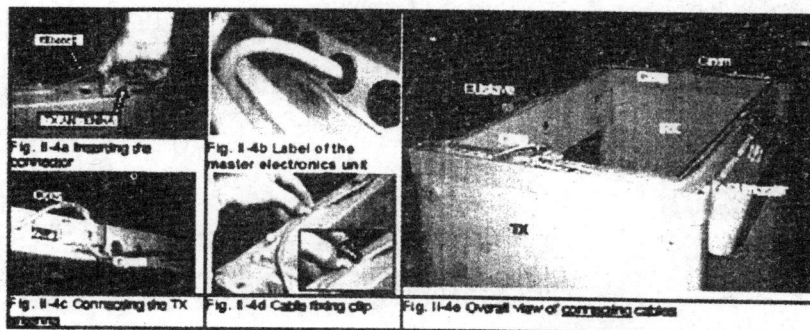

图 2.2.2　组装

将两个极板用横梁 tr1 和 tr2 连接起来，使用提供的扳手将螺钉 vt 拧紧。

（2）固定天线于地面：

门体应使用压力螺钉或硅胶固定。

（3）固定控制器：

用提供的螺钉 vc 将控制器固定在横梁 tr 上。

（4）电子组装：

连接电控制器于天线上。

每个电控制器有两根电缆与天线连接（Crx 与接收极相连，Ctx 与发射极相连）。连接器固定于发射极板与接收极板的顶部。

用提供的线夹 cc 将电缆固定在横梁上。

（5）连接电源：

TX 板上带有低压电源部分，电源板（cp1）位于板的底部，除了直流电源插座 DC，还有串口通讯接头（B PORT）。应将主电源适配器接入直流电源插座 DC。在电源板上也可以插入两节应急电池（见选件部分）。

注意检查正确的电压值，电压使用不当可严重损害金属探测器。

板式探测器还在 TX 板的顶部配备了一个电源连接板（cp2），位于天花板上的电缆也可连接至电源。

（6）接地：

接地连接包含在电源线中。

四、使用

（1）开启金属探测器：

开启金属探测器开关 S1，电源 LED 指示器 L1 亮，会听见声音信号，并且控制器显示屏会显示以下内容：

图 2.2.3　开启 S1

主		从	
CEIA		STOP	制造商
02PN20-M		STOP	型号
START UP		STOP	启动
**********		STOP	报警测试
----		GO	正常工作

如图 2.2.3 所示。

（2）关闭金属探测器：

关闭金属探测器开关 S1，电源 LED 指示器 L1 灭。

五、主要编程功能

安全门根据各自的不同应用，每台设备的工作参数在工厂就被预先设置，这里主要向大家介绍在实际操作中常用的几种参数。

（一）接收参数

（1）灵敏度（SE）：

可选值为100个级别，范围在0~99可调。最小值为0，最大值为99。调试灵敏度级别值时，应根据物体通过安全门的金属量而定。

（2）探测速度（DS）：

可选值为10个级别，范围在0~9可调，它与抗环境干扰有关：探测速度越快，抗干扰性越低。探测速度为0时，抗干扰性越强。探测速度为9时，抗干扰力最弱。

（3）噪音抑制参数（NL）：

可选值为10个级别，范围在0~9可调，噪音抑制系数为0时，自动水平衰减，为1时，最小衰减，为9时，最大衰减。

（二）报警信号参数

（1）报警音量（AV）：

可选值为10级，范围由0至8。0为不报警。选择1时报警音量低，选择9时，报警音量最高。

（2）报警音调（AT）：

可选值为两组，1是五级连读音调，范围由0低音至4（高音），2是五级断续单调，范围由5（低音）至9（高音）。

（三）发射参数

（1）发射通道（CH）：

可选值为100个通道，范围自0~99可调。通道0~49用于50 Hz电源，通道50~99用于60 Hz电源。调整时须注意多个安全门在一起要选择各自不同的发射通道，以免相互干扰。

（2）最佳发射通道搜索（CS）：

选择金属探测器的最佳发射频率，在搜索期间，在终端上（遥控编程）、在显示器上（本机编程）将出现"WAIT"（等待）的指示，一分钟后显示最佳通道。

六、面板显示

02PN20金属探测器内由一个简洁型中央控制器控制，ABS塑料外壳作为护壳，指令由前面键入，外罩为带锁的塑料防护盖。

编程键盘包括两个方向键（上▲和下▼），改变数据时用此键，ENTER键加以确认，PROG 用来启动和终止编程。当安全门进入待检状态时，操作面板的数字显示分成两部分。一部分左侧：四个绿色图形，表明设备打开（出现四个"- - - -"，警告提示：星数对应于通过的金属尺寸）。另一部分右侧：四个红色图形，表明报警信号：星数与通过的金属块尺寸成比例。

七、主要功能的调整

操作员必须经培训后方可使用。

（一）灵敏度的调整

先按 PROG，然后按 ENTER 两次。用▲或▼选择 SE，最后 ENTER 确认。一般灵敏度的确认，要根据民航局对允许金属通过大小来决定，其范围在 0~99 选择。

（二）测试通过速度

选择到 DS 位置，可在 0~9 档范围内选择，正常选择到 7，7 档的速度为25 RM/h，即 7 M/s。

（三）噪声的设置

选择到 NL 位置，范围 0~9 可调，在使用条件下，一般噪声设置正常值 0 档，通过设置此值可改变外界噪声（这个噪声属离散脉冲，即瞬间出现，如电器开关后出现的噪声干扰），0 档属于自动剔除噪声。

第三节　METOR200 型金属武器探测门

图 2.3.1　METOR200 型
金属武器探测门

一、结构

METOR200 型金属探测门具有 8 区域显示功能，由装在发射板上的区域显示器指示出金属武器的位置，抗干扰性能强。METOR200 型由门体、控制器和遥控器组成。门体又由发射板（Tx）、接收板（Rx）（区域显示装置、客流量计数器）构成。

控制器设在门体的顶部，包括母板、接收电路板、发射电路板、电源装置、控制装置、区域显示、计数器。见图 2.3.1。

二、主要部件

METOR200 型金属武器探测门的主要部件包括发

射线圈板（Tx）、接收线圈板（Rx）、横梁、遥控器、控制器。见图 2.3.2。

（一）技术规格

电源：通常范围：100~240 VAC，最大范围：90~264 VAC

电源频率：45~65 Hz

电池：24~35 VDC

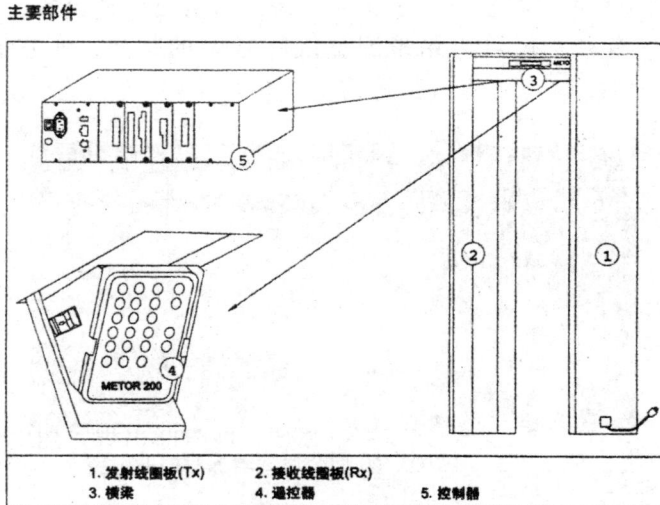

图 2.3.2　METOR200 型金属武器探测门的主要部件

最大功耗：100 VA（ACV），45 W（DCV）

保险：T2A 5 mm×20 mm

电源线长度：2.5 m

（二）继电器连接

类型：SPDT（单极双开关）无电压连接

最大电流：2 A 电阻负载

电压：24 VDC

保险：T2A 5 mm×20 mm

连接形式：螺钉连接各极/插头连接

（三）尺寸与重量

（1）尺寸

外高：2175 mm

外宽：920 mm

内高：2010 mm

内宽：760 mm

线圈板宽度：594 mm

（2）重量：50.5 kg

三、组装

安装时需要的工具都装在横梁包装箱内。遥控器电池单独包装，与组装螺钉在一起。横梁包装箱内有一标尺可以用来测量线圈板间的距离，使它们保持平行。见图2.3.3。

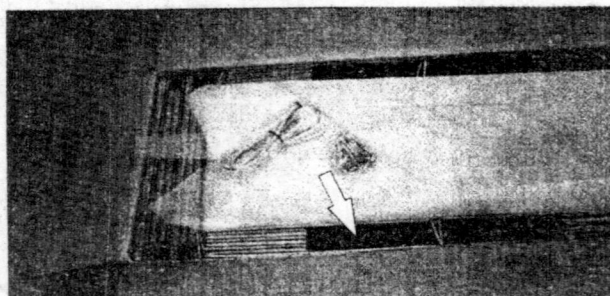

图 2.3.3　METOR200 型金属武器探测门的组装

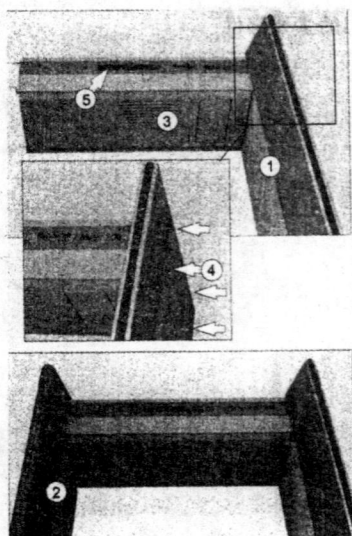

图 2.3.4　METOR200 型金属武器探测门的部件名称及序号、数量

部件名称及序号、数量见图2.3.4。

序号	部件名称	数量
1	发射线圈板	1
2	接收线圈板	1
3	横梁	1
4	安装螺钉	8
5	显示灯	1
	六角扳手	1

（一）组装

将线圈板（1）（2）放倒便于组装。

首先，将横梁上的显示灯（5）向上放置。

报警位置指示灯位于发射线圈板上，也可以把该指示灯装到发射板的对面一侧，如需改变，请联系当地经销商。

发射（Tx）和接收（Rx）线圈板的位置应便于发射线圈板下部电源插头的连接。

电源线还可以穿过横梁上的方孔从上部连接。

用随机带的螺钉（4个）和六角扳手将横梁与一个线圈板固定。

再用螺钉（4个）和六角扳手将横梁与另一个线圈板固定。

将探测门竖起，放在使用位置。

注意：确保线圈板平行，即上下等距，可以用随机的标尺衡量。

如需要，可以用固定装置将线圈板钉到地面。

当希望线圈板始终保持平行，防止探测门歪倒时，可以用固定装置，具体请参照随机的安装图。

除制造商指明的地点，禁止在设备的其他位置打孔，如需要请联系当地经销商。

（二）安装场地的要求

准备 METOR200 型的安装场地时，需要考虑几个问题。当这些因素考虑周到时，探测门在工作场所才能达到最佳性能和实现最大通过量。

应该把可能影响探测门工作的几种干扰降到最小，选择安装场地时注意如下问题：

（1）静止的大型金属及地面振动，见图 2.3.5。

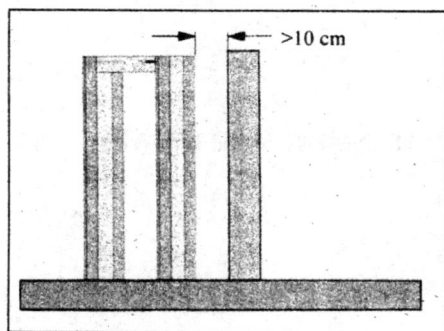

静止金属
大型静止或固定金属应距探测门至少10 cm，它对灵敏度影响较小，但使门易受振动影响。

地面振动
为防止振动，地面应平整、坚实，特别是地下有振动型金属结构时，人员通过后就会产生不必要的报警。

图 2.3.5　静止的大型金属及地面振动干扰

（2）移动金属的干扰，见图 2.3.6。

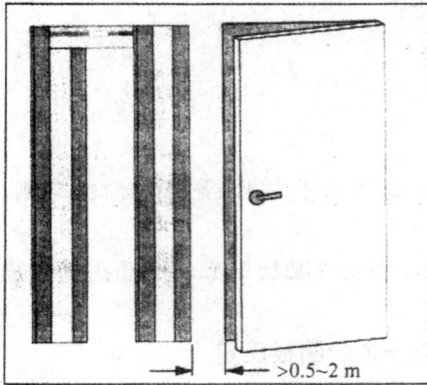

移动金属
为避免产生误报，大型金属物体应距离探测门0.5~2 m，
实际的距离要取决于金属物体的尺寸。
可以用屏蔽板（选件）来降低移动金属的影响。

>0.5~2 m

图 2.3.6 移动金属的干扰

（3）辐射型电磁干扰及传导型电磁干扰，见图2.3.7。

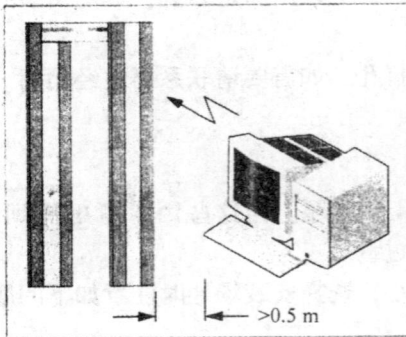

辐射型电磁干扰
应尽量使接收线圈板远离电磁干扰源，建议最小距离
为0.5~4 m。然而，也要视具体情况而定，即通过移动
探测门来看其反应情况，以达到最佳位置。
干扰源主要来自电器控制板、无线电和计算机设备、监
视器、大功率电机和变压器、交流电源线、晶体管控制
电路、弧焊接设备。

传导型电磁干扰
探测门应使用无大型负载设备（如大型电机）的电源插座，
否则会因线路内的峰值或浪涌电压而产生误报警。

>0.5 m

图 2.3.7 辐射型电磁干扰及传导型电磁干扰

（4）接收线圈和电干扰源的距离，见图2.3.8。

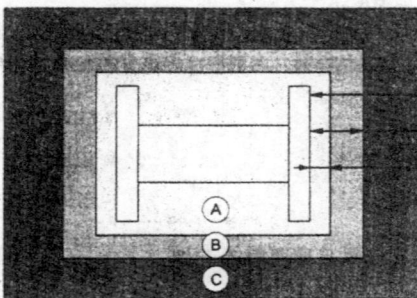

接收线圈和电干扰源的距离尽量远

>0.1 m
>0.5~2 m
>0.5~4 m

A：清洁空间无静止金属
B：无电器装置和移动金属
C：无强电干扰

图 2.3.8 接收线圈和电干扰源的距离

注意：上述仅为推荐距离，实际距离根据安装场地情况确定；尽量保证接收线圈板远离干扰源；当设备处于待机状态时，有一两个绿灯显示表明干扰源距离较远，不会影响门的正常工作。

（三）安检区域的设备布局

安装设备前应仔细计划安检区域的布局，以便优化人员流量。另外还要考虑安装场地的机械和电磁干扰问题，使检查地点更具操作性。

其他考虑因素：被检人员应逐个顺序进入。对人员进行身体检查时，不要妨碍后面人正常通过。手提行李应安排好，不要引起门的误报。

安检区域布局示意图见图 2.3.9。

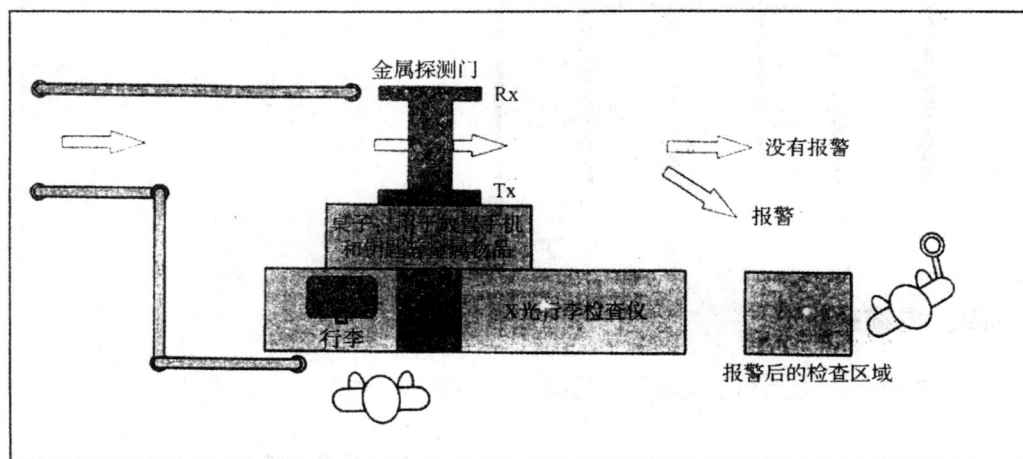

图.2.3.9　安检区域布局

（四）多个门并排使用说明

多个门并排使用指两个或更多的门彼此靠近同时工作，工作时门与门之间会产生一定程度的干扰。干扰情况取决于门间距、工作频率和灵敏度。

METOR200 型金属武器探测门具有多个工作频率以减少彼此干扰，使多个门能够并列使用。频率 F1~F3 特别适用于多个门并排工作的场合，根据频率（F1、F2、F3）和灵敏度情况，间距可达到约 30 cm。也可使用频率 F4、F5，但最小间距会大于使用频率 F1、F2、F3 的情况。见图 2.3.10。

注意：多个门并排使用要优化灵敏度和频率组合，最小间距根据具体使用地点情况而定。

两台金属探测门并排操作

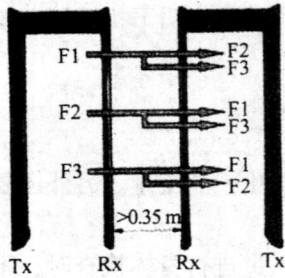

- 如图所示安装设备
- 为使间距达到最小，应按图所示布局，即保证接收线圈板应与另一台门的接收线圈板相邻或发射线圈板紧邻另一发射线圈板（如可能让接收线圈板靠近而加大发射线圈板的距离）；
- 尽量使发射线圈板侧不靠近干扰源；
- 调整频率以降低干扰。

三台金属探测门并排操作

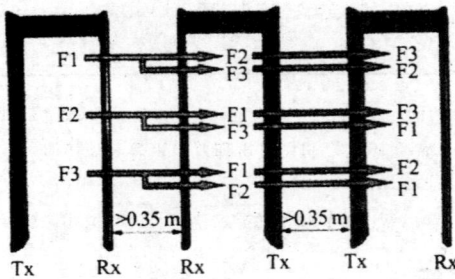

图 2.3.10　多个门并排使用说明

四、电缆连接

（1）拆卸控制器上用于运输的固定螺钉及控制器下滑到位，见图 2.3.11。

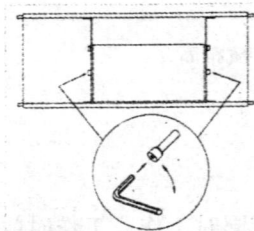

- 拆掉控制器上用于运输的固定螺钉。

- 设备需要搬运时，请安装此螺钉。

- 松开控制器两侧的螺钉。
- 让控制器沿斜槽下滑。

- 控制器下滑到位。

图 2.3.11　拆卸控制器上用于运输的固定螺钉及控制器下滑到位

（2）控制器部件接口名称，见图2.3.12。

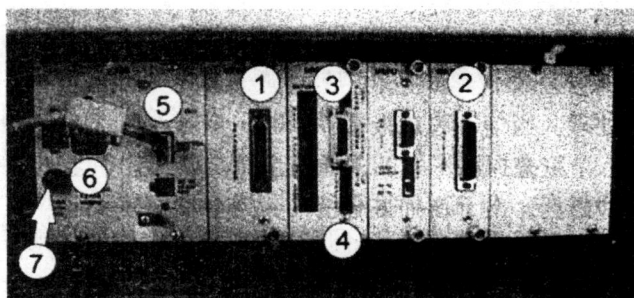

部件名称
1. 发射信号控制电路板
2. 接收信号控制电路板
3. 部位指示灯插头
4. 计数器插头
5. 遥控器插头
6. 电源线插座
7. 保险

图 2.3.12　控制器部件接口名称

（3）电缆连接，见图2.3.13。

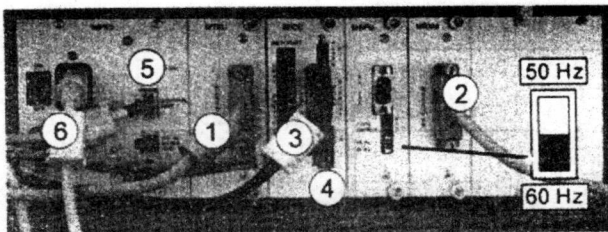

电缆连接
· 电压适用范围：100~240 VAC
· 检查设备的电源电压设置是否符合当地
频率（50或60 Hz）；通常，出厂时根据目
的地情况已设置好。
· 检查电源开关（8）是否在ON位置。电源
开关通常仅用于维修目的，设备工作时必
须打开。

图 2.3.13　电缆连接

（4）连接好电缆后，见图2.3.14。

连接好电缆后
· 将控制器向上推回原位置。
· 尽量让控制器显示灯靠近显示窗。
· 重新拧紧螺钉（9）。
· 锁好横梁下的盖板。

图 2.3.14　连接好电缆后

五、工作原理

设备工作基于脉冲电磁场技术。

发射的脉冲磁场引起线圈感应区域中金属物体内部的涡流衰减，涡流信号由接收线圈感应、取样并由控制器进行处理，当信号超过报警界限时，金属物体就被探测到。

METOR200 型是一种具有八个重叠探测区域的多通道金属探测器。在金属探测门的感应区域内，各区产生连续脉冲磁场。由于这种重叠结构，当金属物体从不同方向通过时，灵敏度差异仍可极大地减少，使探测更均匀。不同高度的金属物体可以被各区独立探测，分辨率更佳。数字信号处理和内部控制都采用先进的微处理器技术，使得金属探测门性能可靠、功能多，便于用户操作。见图 2.3.15。

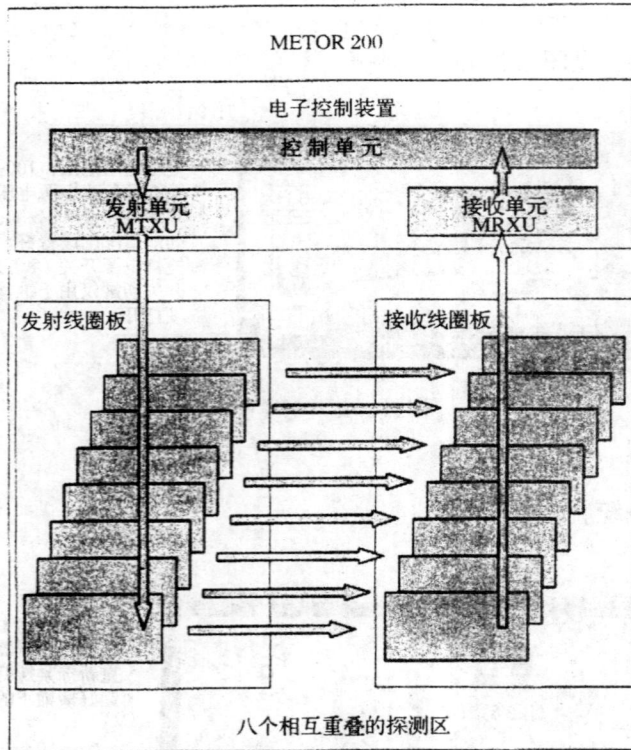

图 2.3.15　METOR200 型金属武器探测门工作原理

六、开机

将电池装入遥控器，见图 2.3.16。

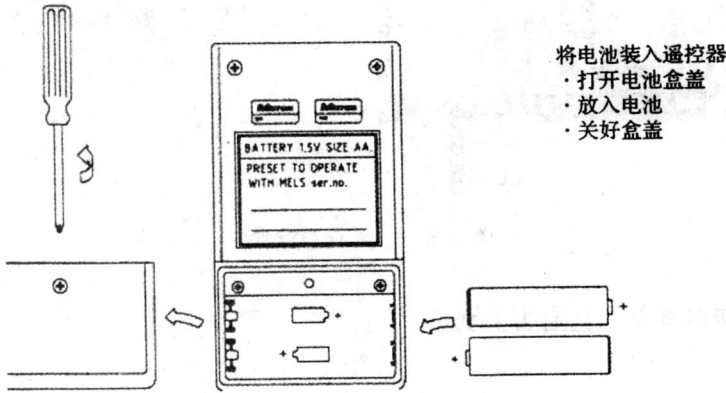

将电池装入遥控器
·打开电池盒盖
·放入电池
·关好盒盖

图 2.3.16 将电池装入遥控器

打开遥控器仓门，见图 2.3.17。

·向上按即可打开遥控器仓门。
·打开箭头所指的开关。

探测门这时开始自检，并显示如下
·电源频率、软件版本
·OK（待机）

第一次开机时，需通过MSPU电路板
上的开关进行复位。

图 2.3.17 打开遥控器仓门

在控制器 MSPU 电路板的前面板上有一个编码开关，用于不同的遥控器操作，可以用它恢复出厂设置的密码。

（1）1 号编码开关（见图 2.3.18）用于遥控器和控制器的通信，过程如下：

- 将 1 号开关放在 ON 的位置；
- 按一下遥控器的任意键；
- 听到探测门发出"嘀"一声时，遥控器即可工作了；
- 将开关再放回 OFF 位置。

完成上述过程后，METOR200 型即可用遥控器操作。

注意：

编码开关在 OFF 位置时，仅能使用当前设置的遥控器。

编码开关在 ON 位置时，可以使用任意一个 METOR200 型的遥控器。

（2）当有"METOR200 OK"显示时，将下部白色开关（1 和 2 号）放在 ON 位置，然后再扳到 OFF 位置。见图 2.3.18。

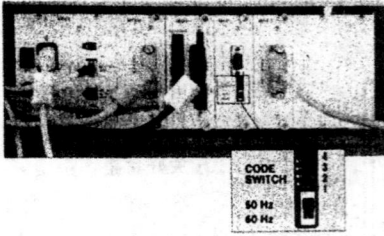

当有"METOR200 OK"显示时，将下部白色开关（1和2号）放在ON位置，然后再扳到OFF位置。

图 2.3.18　遥控器设置

显示器显示的含义，见图 2.3.19。

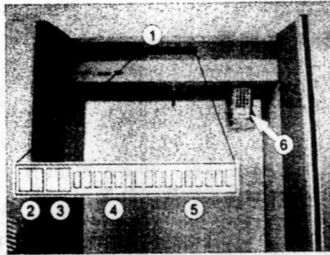

显示器（1）和音响报警位于横梁内，包括绿色待机指示灯（2）和红色报警指示灯（3）。

显示部分包括八个绿色灯和八个红色灯，通过绿色/红色灯条指示信号水平、字母数字显示方式，及参数调整、计数器和故障信息代码。

显示信号举例：
正常工作状态且干扰较小时应如图显示，即在没有人员通过时应有1~2个绿灯；否则，需要调整工作频率以减少干扰。

有人员通过而不引起报警，但又携带一定量的金属物品（如腰带扣、鞋、耳环等），如图显示。

超过报警界限，有红色灯指示，探测门正处于报警状态。

ERROR 10ALLZONE

显示故障代码，表明操作错误或故障，见"故障代码表"。

计数器

计数器使用光电管（1）如图所示。
计数器有两种工作模式：
·单一方向读数累加，反方向不变
·单一方向读数累加，反方向递减

320　　　　16

通过人数为绿色（左侧），报警人数为红色（右侧）。

ALARM%:　5

报警比率在上述数据基础上自动计算，见"参数设置"。

图 2.3.19　显示器显示的含义

报警部位指示，见图 2.3.20。

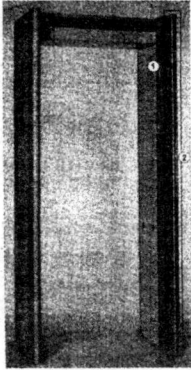

报警部位指示（1）采用红色灯来显示发生报警的物体相应高度。

报警部位指示灯包括 10 段，每段可单独显示报警物体位置。八个独立探测区中的每个区都包括三个灯段，由于区域重叠，一个灯段可以分属不同的探测区。

超过报警界限的区域都会产生报警，根据物体的位置和尺寸，一段或多段灯会相应显示。如果物体较大，报警位置同时在几个区显示，指示灯数量也就越多。

如图所示，报警位置在腰部靠上一点。

图 2.3.20　报警部位指示

七、调试

安全门的调试可以利用装在横梁上的遥控器按键操作，或是取下遥控器在 3 m 以内操作。指示灯和音响报警在横梁内，绿灯显示为等待状态，红灯为报警。

一个绿条和八个红条表示信号强度，也可用于数字显示。

调试参数时按遥控器按键操作，遥控器的具体功能如图 2.3.21 所示。

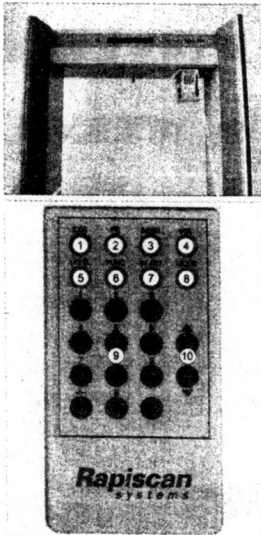

探测门的所有功能都由遥控器控制，它使用两节 1.5 V AA 电池。

序号	按键	功能
1	EXIT	退出设置方式
2	PG	选择探测程序
3	SENS	调整灵敏度
4	VOL	调整音量
5	LEVEL	不用
6	FUNC	功能设置
7	START	启动所选功能
8	MODE	模式设置
9	数字键盘	
10	方向键	

一个遥控器可以控制一个或多个探测门。使用遥控器前，红外编码已存在设备的存储器中。随机带的遥控器在出厂时已进行编码。

图 2.3.21　遥控器功能

程序（PG 键）：不同的程序适用不同金属物体的探测，以获得最低分辨率。

灵敏度（SENS）：选择所探物体的灵敏度，灵敏度越高，能探测的金属物品越小。

音量（VOL）：可选择便于操作者听到的报警音量。

METOR200 型金属武器探测门具有三级密码：

（1）高级用户级

高级用户级的密码可以修改探测门的任何设置，出厂密码为"1，2，3"。

（2）用户级

用户级可以进行下列操作：

音量调节、查看当前使用程序和灵敏度设置、查看统计信息、设置和改变此密码（出厂密码为"7，8，9"）。

（3）只读级

只读级：可以调节音量、查看当前使用程序和灵敏度设置。

改变高级用户级的密码：

（1）输入出厂设置的密码。

（2）按 FUNC 键。

（3）滚动箭头键到 12 号功能。

（4）按 START 键。

（5）输入新的高级用户密码。

（6）再输一遍新的高级用户密码。

（7）输入新的用户级密码。

（8）再输入新的用户级密码。

（9）按 EXIT 键。

如果不想改变用户级密码，在第 7 个步骤时按 EXIT 键（将会显示按键错误"Keyed wrong"，然后进入待机状态）。

密码必须为三位，除 EXIT 键的任何一个都可以，也可以是 VOL、PG 和 SENS 键。

改变用户级密码：

（1）输入预设密码。

（2）按任意键，显示："改变密码吗？"

（3）用箭头键选择"YES"。

（4）按 START 键。

（5）输入新密码。

（6）再输一遍新密码。

（7）按 EXIT 键。

密码必须为三位，任何数字和箭头键都可以（但三个不能相同）。

八、参数设置

参数调整的目的是设置探测门的工作性能以满足实际需要的安全水平，在探测门的使用前应进行调整工作。调整设置时，首先确定探测要求即最可能的威胁物体，然后选择有代表性的参考物用于调试。

（一）出厂设置

出厂时，探测门的设置参数适用于探测各种材料（铁磁和非铁磁性）的手枪。出厂设置为调整探测门奠定了基础，为使设备达到最佳工作状态，应该在使用现场进行调整。

（二）调整步骤

（1）选择工作频率。

（2）设置速度响应范围。

（3）选择探测程序。

（4）设置探测灵敏度：

- 设置整体灵敏度；
- 设置地面区域灵敏度。

（5）测试。

注意：

（1）确保探测门已按本手册指示安装完毕；

（2）确保测试人员没有穿戴任何含金属物体的衣物，如腰带扣、含金属板的皮鞋，口袋内无金属物体。

（三）选择工作频率

调整设置参数从选择最佳工作频率开始，即找到能够尽可能避免环境干扰的工作频率。干扰来自使用现场的其他电器设备或并排的其他探测门。理想的工作频率需根据安装环境和干扰源情况而定。

选择最佳工作频率时，可以提高灵敏度，便于看出各个频率的差别。

使用遥控器选择工作频率，见图 2.3.22。

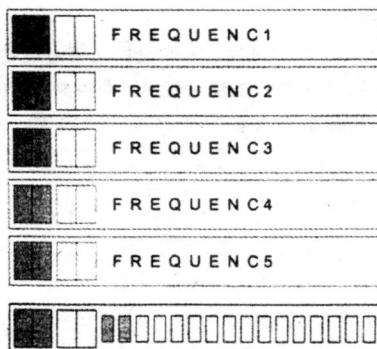

图 2.3.22 使用遥控器选择工作频率

1. 用遥控器输入高级用户密码（出厂设置为 1，2，3），显示"SET"。

2. 按 MODE 键。

3. 选择频率 1，按 START 键。

4. 观察显示器上闪烁的绿灯数量。

5. 每次选择一个频率，观察干扰情况。设备理想的工作状态：即没有人员通过时，绿灯数量不应超过 1~2 个。

6. 应选择绿灯显示最少的工作频率。

（四）设置速度响应范围

当物体以不同于正常速度通过时，速度响应设置（高限值、低限值）会影响探测灵敏度。如想要保证探测到快速通过的物体，应将高限值（Hi Speed）设为较高档。另一方面，如想要探测非常慢速通过的物体，应将低限值（Lo Speed）设为较低档。通常情况下，不必修改出厂设置值。

高限值设置过高的话，设备抗干扰能力会降低。值越高，抗干扰力越差。由于会降低抗干扰能力，速度高限值不应设置过高而超过正常需要。

（五）选择探测程序

探测门内置多种探测程序，用不同的有害和无害物体进行测试，选出所需的程序。选择最佳探测程序时，应对各个程序进行比较，可参见图 2.3.23、图 2.3.24、图 2.3.25。

图 2.3.23　探测程序说明（一）

违禁物品的选用

测试时，选择最具代表性的违禁物品，通常这些物体包括各种手枪或刀具。至少选出 3~5 种物体，它们应是不同金属材料制成，磁性和非磁性的（可以用磁铁来识别是磁性还是非磁性金属）。

特别注意的是对于非磁性金属制成的小刀，所需的探测灵敏度与手枪相比要高出很多，同时会使无害金属物体的误报率提高。

图 2.3.24　探测程序说明（二）

无害金属的选用

除了违禁物品外，也应选用一些常见的无害金属物品，以便在调整设置过程中，能够比较出不同探测程序的分辨能力。无害金属指皮鞋内的钢板、钥匙串、眼镜架等。

图 2.3.25 探测程序说明（三）

选择适用的探测程序

选择某个程序，然后确定能够探测到所有试样大约的最低灵敏度。

1. 选择被认为是最关键的试样，即最难探测的物体（如最小的）。
2. 以某个方向及位置（如腰部）通过探测门，调整灵敏度到使用该程序能够勉强探测到上述物体。
3. 然后，用其他试样以相同位置及方向通过探测门，检查是否能被探测到。如果其他试样探测不到，就需要相应提高灵敏度。
4. 用其他程序重复上述步骤。
   既可以用灵敏度自动搜索功能设置灵敏度，也可人工调整灵敏度，直到违禁物体发生报警（见"人工设置总体灵敏度"）。
5. 选出几个能够探测所有试样的程序再最后确定探测灵敏度。

（六）设置探测灵敏度

探测灵敏度设置的目的是某个程序下能够可靠探测到试样所需的最小灵敏度，这样尽可能达到最高流量，因为无害物体引起的报警会减小通过流量。

灵敏度设置还与探测门的抗干扰能力有关，所以建议不要使用过高灵敏度而超过实际需要。

调整灵敏度时，试样应放在身体不同的部位并以不同的方向通过探测门。

调整要求见图 2.3.26。

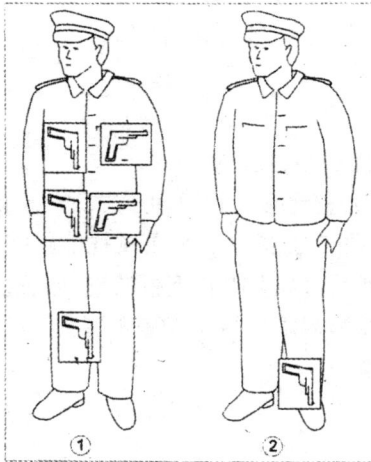

图 2.3.26 探测灵敏度设置

调整灵敏度分两个步骤进行，首先人工设置整体灵敏度（全部区域），或使用灵敏度自动搜索功能进行设置。

第二步骤是设置脚部位置的灵敏度（1 区和 2 区），用人工方法来设定。

NOTICE 脚部位置的灵敏度应该单独设置，因为地面内的金属结构件会影响灵敏度的设置。

由于安装场地的不同，地面部位金属的数量和方向对于探测门也有变化，因此，所需的地面灵敏度设置也不同。

（七）设置整体灵敏度

调整要求见图2.3.27。

① SET

② 01F AST RESET

③ 03SENS AUTO

④ N/WALKS

⑤ *WAIT*WAIT*

⑥

图2.3.27 设置整体灵敏度

用灵敏度自动搜索功能设置整体灵敏度

1. 用遥控器输入高级用户密码（出厂设置为1，2，3），然后显示"SET"。

2. 按FUNC键，显示"01FAST RESET"。

3. 按箭头键，滚动功能至"03 SENS AUTO"再按START键。

4. 这时会询问"N/WALKS"通过次数，出厂设置为5次；用箭头或数字键输入所需的次数。

5. 将会显示 * WAIT * WAIT *。

6. 听到音响时，带着试样通过探测门，按设定次数以不同位置和方向重复通过。通过探测门前，每次应等候听到提示音。通过次数完毕，系统会自动设置所需的灵敏度。

7. 按EXIT键，直到系统恢复正常工作状态。

8. 然后再用试样通过门进行测试。

出现下述情况时，应需再做调整：

· 灵敏度偏高：稍微降低灵敏度，达到探测要求即可。

· 不能完全探测到所有试样，稍微提高灵敏度，以达到探测要求。

人工设置整体灵敏度

1. 输入高级用户密码（出厂设置1，2，3），然后显示"SET"。

2. 按SENS键。

3. 用箭头键滚动值到所需灵敏度。

4. 按EXIT键两次。

（八）设置地面灵敏度

整体灵敏度设置好后，还要单独测试和调整地面位置的灵敏度。

整体灵敏度调整完毕，将试样放在脚部通过探测门进行测试。以两种方式通过门：让脚从门的中间通过（见图2.3.28A）；摆动脚通过门（见图2.3.28B）。如果试样能够完全探测到，再用别的试样重复测试。如全部试样都能探测，然后再穿上内含钢板的皮鞋通过以测试门的辨别能力。如灵敏度太高（鞋内金属接近或超过报警界限）或不能完全探测到试样，按下述方法调整灵敏度。如灵敏度适当，则无需再做调整。

调整要求见图2.3.28。

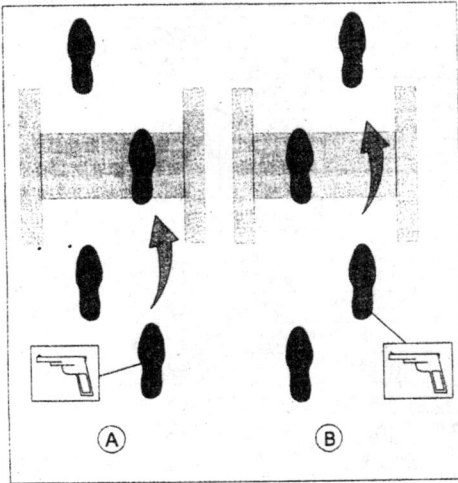

图 2.3.28　设置地面灵敏度

通过探测门：

A. 将带有试样的脚放在门的中间（图 A）

B. 摆动脚通过门（图 B）

测试能够完全探测试样的下限设置：

1. 输入密码 1，2，3。

2. 按 FUNC 键，选择功能 5（SENSZONE），再按 START 键。

3. 按下述调整灵敏度：

　　3.1 如果试样每次都能报警，就降低 1 区灵敏度 5%；

　　3.2 如果试样不引起报警，则需提高 1 区灵敏度 5%；

　　3.3 接近理想值时，1 区的灵敏度按每级 1% 来调整。

4. 按 EXIT 键。

重复进行测试以便使设置满足所有试样的要求。

如无害金属仍引起报警；

· 提高 2 区灵敏度，同时降低 1 区灵敏度。

（九）设置各区的灵敏度

如果想改变某个区域的灵敏度，应使用区域灵敏度调整功能。

（1）输入密码 1，2，3，显示"SET"。

（2）按 FUNC 键。

（3）选择功能 5（ZONE SENSITIVITY）。

（4）按 START 键。

（5）提高或降低某个区域的灵敏度，即调整区域百分比提高或降低。

（6）按 EXIT 键两次。

见图 2.3.29。

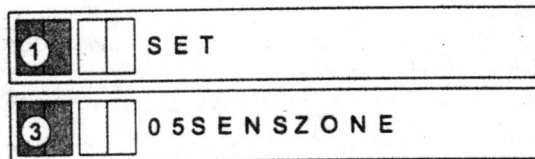

图 2.3.29　设置各区灵敏度

● 区域灵敏度的调整不会改变整体灵敏度的设置。

● 区域灵敏度的调整通常仅在大型静止金属靠近门时的情况下进行。

● 大多数情况下，除了调节脚部灵敏度外，无需改变各区的灵敏度。

键盘操作见图 2.3.30。

参数名称	密码	更改设置					关闭密码
程序	?	PG	▲▼ #			EXIT	EXIT
灵敏度	?	SENS	▲▼ #			EXIT	EXIT
音量		VOL	▲▼ #			EXIT	
频率	?	MODE	▲▼ #			EXIT	EXIT
速度高限值	?	2xMODE	▲▼ #			EXIT	EXIT
速度低限值	?	3xMODE	▲▼ #			EXIT	EXIT
音量	?	4xMODE	▲▼ #			EXIT	EXIT
音调	?	5xMODE	▲▼ #			EXIT	EXIT
显示	?	6xMODE	▲▼ #			EXIT	EXIT
01 快速复位	?	FUNC	▲▼ 01	START	▲▼	EXIT	EXIT
02 复位时间	?	FUNC	▲▼ 02	START	▲▼	EXIT	EXIT
03 灵敏度自动搜索	?	FUNC	▲▼ 03	START	START		EXIT
通过次数				▲▼	START	EXIT	EXIT
04 地面灵敏度	?	FUNC	▲▼ 04	START	▲▼	EXIT	EXIT
05 区域灵敏度	?	FUNC	▲▼ 05	START	▲▼	EXIT	EXIT
选择下一区域				START			
06 干扰水平	?	FUNC	▲▼ 06	START			EXIT
07 最大干扰水平	?	FUNC	▲▼ 7	START			EXIT
10 数字显示方式 ON Off	?	FUNC	▲▼ 10	START		EXIT	EXIT
11 出厂设置	?	FUNC	▲▼ 11	START			EXIT
12 密码修改	?	FUNC	▲▼ 12	START	?	EXIT	
确认新密码					?	EXIT	EXIT
12 高级用户密码	?	FUNC	▲▼ 12	START	?S USE		
确认新密码					?S USE		
新的密码					? USER EXIT		
确认新密码					? USER	EXIT	
12 用户级密码	? USER	ANY KEY	▲▼ YES	START	? USER		
确认新密码					? USER	EXIT	
13 计数器功能	?	FUNC	▲▼ 13	START	▲▼	START	
反向减数 Y/N					▲▼	2xEXIT	
14 通过人数	?	FUNC	▲▼ 14	START		EXIT	
15 报警次数	?	FUNC	▲▼ 15	START		EXIT	
16 计数值清零	?	FUNC	▲▼ 16	START		EXIT	
17 报警率	?	FUNC	▲▼ 17	START		EXIT	
18 数字输入	?	FUNC	▲▼ 18	START			
Config IN#1				▲▼	EXIT		EXIT
Config IN#2				START	▲▼	EXIT	EXIT

?	高级用户密码出厂设置为"1,2,3"
? USER	用户级密码出厂设置为"7,8,9"
#	任意数字键

图 2.3.30　灵敏度设置键盘操作

操作举例 1：改变灵敏度设置
- 输入高级用户密码 1，2，3；
- 按 SENS 键；
- 设置到所需的灵敏度；
- 按 EXIT 键两次。

操作举例 2：改变 1 区的灵敏度
- 输入高级用户密码 1，2，3；
- 按 FUNC 键；
- 按 5 次"UP"箭头键；
- 按 START 键；
- 用箭头键选择 1 区的所需灵敏度；
- 按 EXIT 键两次。

（十）影响探测门性能的类型设置

组装、电缆连接和调整设置后，METOR200 型可准备工作。交流电源频率（50/60 Hz）必须由人工设定，但该设置在出厂前已根据发货地情况预设好。影响探测门性能的调整应正确处理以优化使用效果。

METOR200 型有三种类型设置：参数、方式和功能，它们可由高级用户权限人员修改。唯一不需要密码的参数就是音量设置，具体调整过程见表 2-3-1。

程序下的参数设置并不是锁定的，程序如果改变，相应参数也可保持不变。

参数设置包括程序（PG 键）、灵敏度（SENS）和音量（VOL）。

表 2-3-1　参数设置

功能	可选值范围	注释
程序	PG01-13，PG21-32	对不同材质的物体可选不同的程序，或选不同程序以优化辨别能力。
灵敏度	0-99	灵敏度的设置决定了被探违禁物体和不需探测的无害物品的尺寸。灵敏度越高，就更容易探测较小物体。探测能力的主要标准是金属物体的尺寸，某种程度上，形状、材料变化以及通过门时物体的方向和速度也会影响探测功能。
音量	0-9	音量应设置超过背景噪音水平以便于操作者听到报警声音，如设置最低音量见"VOL MIN n"部分，音量设置不需要密码。

模式设置见表 2-3-2。

表 2-3-2　模式设置

功能	可选值范围	注释
频率	1~5	工作频率可以抑制门之间的相互干扰以及减少环境的干扰。
速度高限值	1~6	适用移动速度较快的物体，见"物体速度响应"。
速度低限值	1~6	适用移动速度较慢的物体，见"物体速度响应"。
最低音量	0~9	音量的最小设置值。
音调	1~14	音调设置便于区分相邻门的报警声音。
显示方式	OFF	无灯条显示（OFF）
	LIGHTBAR	灯条显示（LIGHTBAR）
	COUNTERS	显示计数器（COUNTERS）
	NUM BAR	数字形式的灯条显示（NUMBAR）

功能设置见表 2-3-3 和表 2-3-4。

表 2-3-3　功能设置（一）

功能	可选值范围	注释
01 FAST RESET	ON OFF	报警时间可以设为特定值（"FAST RESET ON"）或者与物体尺寸成比例的报警时间。
02 RESET TIME	0.3~3.0 sec	快速复位功能开启时的复位时间。
03 SENS AUTO	1~20	灵敏度自动搜索功能，用户可以设置通过次数。
04 SENS FLOOR	0~255%	调节靠近地面区域的灵敏度。
05 SENS ZONE	0~255%	可以单独设置每个探测区的灵敏度，它的值是百分比形式。每个区灵敏度为 100% 时，区域灵敏度与整体灵敏度相同。
06 NOISE BAR		用灯条形式显示外部干扰水平，此时探测门不能工作。一分钟后或人工按 EXIT 键，自动恢复正常工作。
07 NOISE MAXIMUM	0~200 Alarm level：100	用数字方式显示最大干扰水平，稍后会显示出测量情况。在测量期间，探测门不能正常工作。
08 NOT IN USE		空闲。
09 NOT IN USE		空闲。

功能	可选值范围	注释
10 NUMBER DISPLAY	0~200 Alarm level：100	以数字形式显示信号值，通常仅在测试时使用。
11 FACT SETTING		出厂设置的参数为中等性能，可以它为基础进行调整。
12 ACCESS CODE		密码为除 EXIT 和 VOL 键外的 1 到 3 个键的组合。
12 ACCESS CODE		用户可以修改用户和高级用户级密码，密码必须为三位。用户级密码只能用数字和箭头键（三位不能相同），高级用户密码可以使用除 VOL、PG、SENS 和 EXIT 键外的任意键。
13 COUNTER	OFF DIRECT 1 DIRECT 2 AUTO DECREASE Y DECREASE N	可以关掉计数器功能（"OFF"）。计数方向设置："DIRECT 1" 为通过时发射线圈板在右侧的方向；"DIRECT 2" 为通过时发射线圈板在左侧的方向。如果先前曾设置为 "DIRECT 1" 或 "DIRECT 2"，"AUTO" 功能则是以第一次通过自动设置为计数方向。如选择 "DECREASE Y"，设置方向累加，相反方向则递减。如选择 "DECREASE N"，设置方向累加，相反方向不进行计数。
14 DISPL COUNTS		显示通过人数（"COUNTS nn"）
15 DISPL ALARMS		显示报警次数（"ALARMS nn"）
16 CLEAR COUNTS		将计数器清零。
17 DISPL ALARM%	$\dfrac{alarms}{passenger}100$	显示报警比率（"ALARM%：n"）。
18 INPUT CONFIG	1 or 2	选择所需功能输入 INPUT 1 或 INPUT 2。

表 2-3-4　功能设置（二）

参数		设置
PG	探测程序	2
SENS	灵敏度	45
VOL	报警音量	5
MODE/FREQUENC	工作频率	5
MODE/HI-SPEED	速度响应高限值	2
MODE/LO-SPEED	速度响应低限值	3
MODE/VOL MIN	最低音量	1
MODE/TONE	报警音调	5
MODE/DISPLAY	显示方式	Light bar
01 FAST RESET	快速复位	ON
02 RESET TIME	快速复位下的复位时间	0.5 sec
03 AUTO SENS	该功能下的通过次数	5
05 SENS ZONE	区域灵敏度（各区）	100%
13 COUNTER	通过方向计数	Counters decrease：No
18 INPUT CONFIG	数字输入#1 and #2功能	Off

（十一）物体速度响应

探测门对不同移动速度的物体保持探测性能的能力叫做物体速度响应。METOR200型的物体速度响应由两个参数决定：速度高限值和速度低限值。实际使用中，这两个参数仅在出现速度极限时才能感受到，即非常快和非常慢的情况。正常速度下，该参数影响很小。

速度高限值影响 METOR200 型对高速物体的探测能力，它的设置范围为 H1~H6。H6 为最快的速度响应值，出厂设置为 H2，可以满足正常安检对速度的要求。

速度低限值影响 METOR200 型对低速物体的探测能力，它的设置范围为 L1~L6。L1 为最慢的速度响应值，出厂设置为 L3，可以满足正常安检对速度的要求。

探测程序说明见表 2-3-5。

表 2-3-5 探测程序说明

探测程序	说明	性能		分辨率	
		通行能力高	探测性能优化	较高	较低
PRG 01 USA PRG 02 USA HD	满足美国机场需要	×	×	×	×
PRG 03 CAN PRG 04 CAN HD	满足加拿大机场需要	×	×	×	×
PRG 05 GER PRG 06 GER HD	满足德国机场需要	×	×	×	×
PRG 07 UK PRG 08 UK HD	满足英国机场需要	×	×	×	×
PRG 09 USG PRG 10 USG HD	满足美国政府需要	×	×	×	×
PRG 11 SCA PRG 12 SCA HD	满足北欧国家机场需要	×	×	×	×

MATERIAL SENSITIVE PROGRAMS：

PRG 13 STANDARD	通用探测程序
PRG 21 PB-LEAD	对铅（LEAD）灵敏（与铁 FE 相比）
PRG 22 MU-METAL	对钼（MU）金属灵敏度最高
PRG 23 ALLME TAL	对所有材料都有较高的灵敏度
PRG 24 FE >>>> AL	与铝相比，对铁类金属具有较高灵敏度
PRG 25 FE >>> AL	
PRG 26 FE >> AL	
PRG 27 FE > AL	
PRG 28 FE = AL	24-32 号程序是拿直径 40 mm 的铁质和铝质圆柱体做比较
PRG 29 FE < AL	
PRG 30 FE << AL	
PRG 31 FE <<< AL	
PRG 32 FE <<<< AL	与铁相比，对铝类金属具有较高灵敏度

九、维修

故障代码见表 2-3-6。

表 2-3-6　故障代码表

故障代码和信息	可能的原因	解决办法
1 ZONE 1 2 ZONE 2	控制电缆连接故障	检查线圈板和控制器间的连接电缆
3 ZONE 3 4 ZONE 4	线圈板电缆连接故障	检查线圈板连接电缆
5 ZONE 5	线圈板故障	检查线圈板连接电缆或更换
6 ZONE 6	发射信号板连接（MTXU）故障	检查连接或更换
7 ZONE 7	接收信号板连接（MRXU）故障	检查连接或更换
8 ZONE 8	线圈板内引出电缆连接故障	检查插头连接情况，如发现问题更换线圈板
9 ZONE 9	线圈板内的插头连接故障	检查线圈板内插头的连接
10 ALLZONE	线圈板故障	更换线圈板
11 PARAMETER	程序参数超出范围或存储器故障	关机，然后重新开机 ☞ 此信息之后，将灵敏度设为最高 NOTICE 更换信号处理板（MSPU）
12 fMEMORY 13 sMEMORY 14 nMEMORY 15 iMEMORY	存储器故障	更换信号处理板（MSPU）
16 ASIC1 17 ASIC2 18 ASICsel	接收信号板故障 如显示 ASICsel，则是输入/输出板（MIOU）连接问题或发生故障 信号处理板故障	检查连接或更换 MRXU 电路板 检查连接或更换 MIOU 电路板 更换信息处理板（MSPU）
19 WATCHDG	信号处理板故障	更换信息处理板（MSPU）
20 L DISPL 21 R DISP	显示装置故障 母板故障	更换母板上（MMBU）的显示装置 更换母板（MMBU）
22 TIMER	信号处理板故障	更换信息处理板（MSPU）

故障代码和信息	可能的原因	解决办法
33 LOW BAT	电池电压过低	给电池充电 更换电池
34 IRQA	输入/输出板故障或连接问题 接收信号板连接（MRXU）或故障	检查连接或更换输入/输出板（MIOU） 检查连接或更换
探测门不工作	电源是否接好	检查电源连接
	是否打开控制器上的电源开关或遥控器盖板上的开关	检查电源处理板（MPSS）上的开关和遥控器盖板上的电源开关
	电源处理板上的保险烧坏	检查保险管并更换 如更换保险不起作用或保险再次烧坏，则需更换电源处理板（MPSS）
	电源处理板故障（开关打开时，面板上的绿色指示灯不亮）	更换电源处理板（MPSS）
	信号处理板（MSPU）连接故障	检查连接
	信号处理板（MSPU）故障	更换
干扰太大	所用频率不适用于工作环境	改变工作频率 （还可通过降低速度高限值 HISPEED 来降低干扰）
	干扰源距离探测门过近 （如监视器、无线电设备、大功率电机、交流电源电缆、晶体管控制电路等）	清除干扰源
	大型移动金属距离探测门过近	提高门与金属间的距离
	人员通过时地面振动	改进地面坚固性或移动探测门

第四节　金属武器探测门的安装及对使用者的要求

一、安全门的安装条件

安全门对工作环境具有极强的适应性，特别是不受寄生电磁干扰。然而为获得最佳结果，特别是在高灵敏度下，可采用一些结构方面的预防措施，防止自然机械干扰和自然电干扰。

（一）机械干扰

（1）金属屋门、金属天花板、大型振动物体：保持一定距离（板式一般在50 cm以上，柱式在 60 cm 以上），用非金属材料代替或切断这种结构形成的回路以达到绝缘，应保持周围结构的稳定性。

（2）金属框玻璃门：绝缘任何结构上的回路，如果双开门有弹簧杆也应绝缘，避免形成回路。

（3）门槛：如果门槛由金属制成，不应接触地面而形成不稳定回路。

（二）电干扰

（1）电源线：应远离探头 20 cm。

（2）脉冲源：远离、消除或屏蔽。

（3）电机：充分屏蔽，最好用交流电机。

（4）电子锁：应有屏蔽。

（5）磁铁、遥控开关和直流电机：其电源线应涂沥青，但不超过 2.5 cm。

（6）扬声器、变压器：内部通讯系统，应离开门体一段距离。

（7）探测装置：使用可变电阻或气动型，电接触性只有在每片串联不少于10 Ω电阻才能使用。

二、对使用者的要求

（1）操作使用安全门的检查人员必须经过专门训练，熟练掌握安全门的操作、使用原理，并严格按说明书规定的操作规程和技术人员的要求进行操作。

（2）无关人员禁止靠近安全门，更不准随意扳弄开关、脚踢和碰撞门体，不得用脚挫电源电体，不能携带大型金属过安全门，如手推车、水瓶、工具箱、铁簸箕等。

（3）不要打开设备的外壳，这样将有可能毁坏设备或被电击伤。

（4）为避免雷电的伤害，在雷电暴雨时，要将设备电源或交流电源断开。

（5）不要试图用化学溶剂擦拭设备，这样将损坏其表面光洁，用清洁的干布即可。

第五节　结合伽玛放射线探测系统的
02PN20 Elliptic 金属探测器介绍

金属探测能查出金属武器（磁性或者非磁性金属制成的小型轻武器，包括经过拆卸的小型轻武器），由于检测磁场极强的均匀性，其无论以何种方位和姿态通过时均能被探测到。同时，对于正常随身携带金属物品，如钥匙、硬币及皮带扣，金属探测器可以对其进行有效辨别，因而相对于其他金属探测系统，可以有效降低五分之四的误报警率。

配有伽玛射线探测系统的传感器，该组传感器的感应范围可覆盖通过区域中的各种高度，从而实现对随身携带放射性物质的通过人员进行精确探测。探测能量范围宽，使其足以覆盖可能涉及的放射性同位元素。伽玛放射线探测器可以通过调试，使其符合环境本底放射级别，调试方法为将初始值设置为符合现场环境的最佳参数值。同时，一种专用的运算法则可以适应不常见的本底放射级别及其变化。

02PN20 Elliptic 金属探测器见图 2.5.1。

一、性能

（一）金属探测器特性

可对由磁性金属、非磁性金属以及合金金属制成的武器进行探测，多区域部位显示，具有极

图 2.5.1　02PN20 Elliptic 金属探测器

高的分辨能力和通过率，以及非常高的抗电磁干扰和机械干扰的性质，可对经过包装处理的放射性物质进行探测，通过认证并符合金属探测器应用标准。

（二）伽玛放射线探测器特性

可对具有放射性危险的伽玛射线进行探测，内置，高灵敏度，全高度辐射感应器可探测全部通过区域，多区域显示伽玛射线源位置，符合伽玛放射线入口监视的应用探测要求。

二、报警信号传输

02PN20 Elliptic 柱式探测器将金属探测和伽玛放射线探测集为一体，可同时对金属危险物质和放射性危险物质进行探测。

金属武器、伽玛射线源及其容器通过探测器时，在条式显示器上会显示出相应的光信号。危险物质通过探测器的相应区域会以 20 组独立的指示器来显示。通过网络监控软件，所有探测数据和编程操作均可得到有效监控。

根据首选操作程序，可设定两种不同报警信号传输模式：

（1）金属武器：音频报警，以红色显示金属武器所在位置，以及控制器上条式显示器的显示密度。

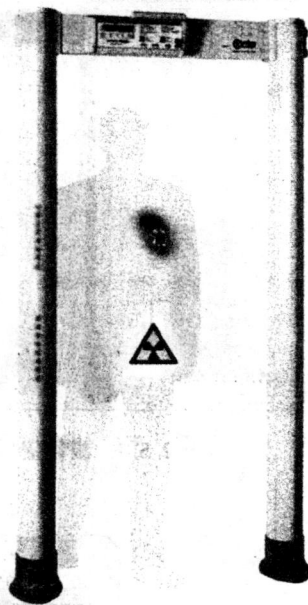

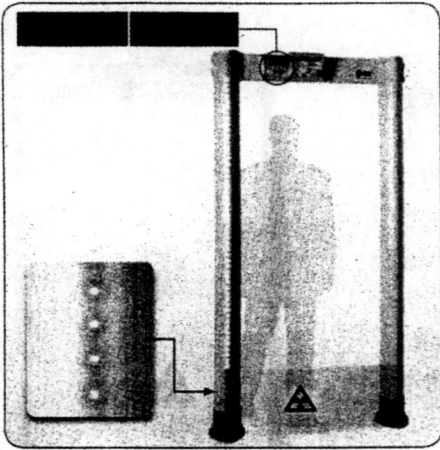

图 2.5.2 报警信号

（2）放射源：特定的音频报警，以蓝色显示放射源所在位置，以及控制器上条式显示器的显示密度。见图 2.5.2。

图 2.5.3 为条式显示器中的信号传输图解。

图 2.5.4 为单个危险金属的探测和信号显示、多个危险金属的探测和信号显示、危险金属物质和放射性物质的同步探测、经过包装处理的危险物品探测。

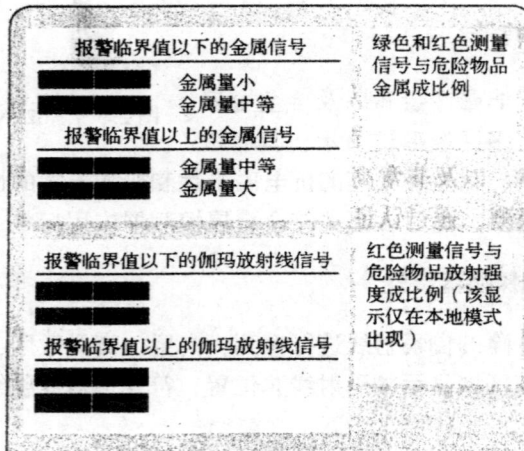

图 2.5.3 条式显示器中的信号传输图解

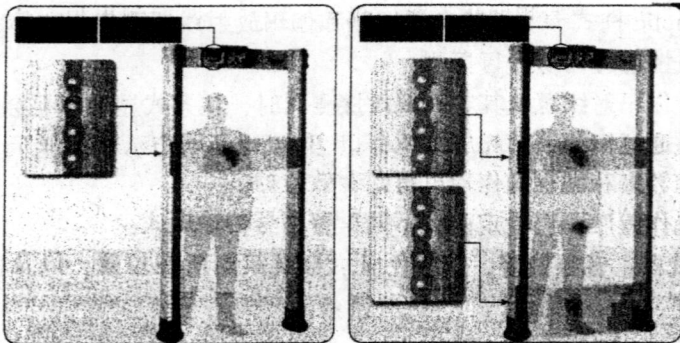

（a）单个危险金属的探测和信号显示　（b）多个危险金属的探测和信号显示

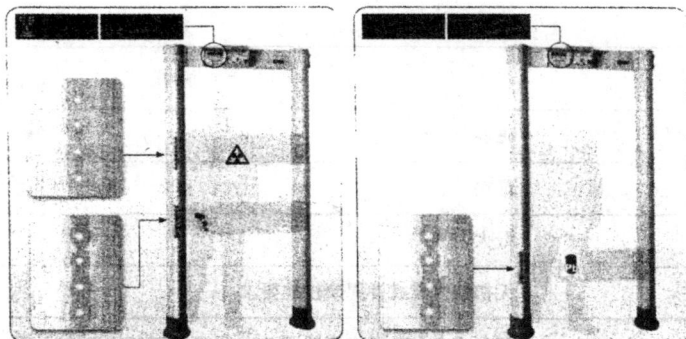

（c）危险金属物质和放射性物质的同步探测　　（d）经过包装处理的危险物品探测

图 2.5.4　不同物质的探测和信号显示

三、技术特征

通过式安检门结构：柱体采用艺术化的设计，结构紧凑。全部采用先进的塑料材料制成。重量轻，美观大方。

中央控制器：采用人类工程学和坚固设计，高亮度数字显示和编程控制键，采用金属钥匙打开控制面板。

编程：通过控制器数字显示和操作键来进行本地编程。

远程接口：RS232 接口或通过转换器使用以太网接口。

操作特征：具有非常高的分辨能力和人员通过率，是其他金属探测器系统的五倍以上。内置功能校验程序。一键操作，可读取进出人数以及有关安全级别的信息。内置底部灵敏度调节功能。

四、02PN20 Elliptic 的技术数据

表 2-5-1　02PN20 Elliptic 技术数据

项目	说明
型号	02PN20 Elliptic
GAMMA 探测器类型	塑料闪烁体探测器，可探测到本底剂量以上的辐射
可探测射线类型	γ 射线
检测能量范围	40 keV ~ 5 MeV
误报警率	环境本底小于 0.3 μSv/h 的条件下，连续工作 40 min，无一次误报警
金属探测器类型	脉冲电磁场

续表

项目	说明
可探测金属类型	磁性及非磁性金属
报警恢复速度	最快 0.2 s
磁场探测速度	最大 15 m/s
校准	无初始校准或者周期校准要求
抗干扰	两台或多台金属探测器间自动同步，相互间距离小于 15 cm 且不需要使用电缆；内置总体噪声"GN"和电磁噪声"EN"测试功能
GAMMA 探测抗干扰性	通常情况下，通过探测门的放射源不会影响离门柱 50 cm 外的探测门
声音报警信号	音调分为 10 个档位，音量分为 10 个档位，1 m 处固定 90 dB（A）
灯光报警信号	绿色和红色光条显示，在 4000 lx 的亮度下，可以从 6 m 外观察： · 显示通过金属量； · 显示通过放射源的放射强度（本地模式）。 通过高度显示条配有 20 组独立多色显示指示器： · "设备运行"信号（绿色）； · 探测到的金属通过的具体位置（红色）； · 探测到的伽玛放射源通过的具体位置（本地模式显示蓝色）
工作时间	24 h 连续工作
工作电源	95÷264 VAC，50÷60 Hz，40 VA
防护级别	· 户内模式：IP20-IEC529 · 户外模式：IP65-IE529（选件）
工作温度	−20℃~70℃
存储温度	−35℃~70℃
相对湿度	0~95%无冷凝
重量	90 kg
设备尺寸	外形尺寸：1065 mm×360 mm×2250 mm（W×D×H） 通道尺寸：720 mm×2040 mm（W×H）

【思考与练习】

1. 说明金属探测门（脉冲式）安全门的工作原理。
2. 影响金属探测门的因素有哪些？

3. 02PN20 型金属探测器是由哪些组成的？

4. 02PN20 型金属探测器的工作原理。

5. 如何开启 02PN20 型金属探测器？

6. 如何关闭 02PN20 型金属探测器？

7. METOR200 型金属探测门是由哪些组成的？

8. 说明 METOR200 型金属探测门的工作原理。

9. 如何开启 METOR200 型金属探测门？

10. 如何关闭 METOR200 型金属探测门？

11. 金属探测门的安装条件有哪些？

12. 对使用金属探测门的检查人员有哪些要求？

第三章 X 射线安全检查设备

X 射线机，俗称 "X 光机"，是一种用来产生 X 射线的设备，其主要用途是在不破坏物体的前提下来探测内部结构，也可以利用其进行杀菌或激发荧光。

X 射线机可以分为工业用 X 射线机和医用 X 射线机。工业用 X 射线机可以按照产生射线的强度分硬射线机和软射线机。用于理化检测的衍射分析仪等属于软射线，而用于面积、厚度较大的材料检测的是硬射线。硬射线的产生一般是利用高压电，如100 kV 或 300 kV 的电压加到 X 射线管子上，产生的射线可以穿透5~50 mm的钢板，而用电子加速器可以产生穿透 100 mm 以上的钢板的射线。使用高压电发生 X 射线的机器可分为便携式（移动式）和固定式。目前机场所使用的 X 射线机一般都为固定式。

第一节 X 射线简述

一、X 射线的发现

德国化学家和物理学家希托夫观察到真空管中的阴极发出的射线，当这些射线遇到玻璃管壁会产生荧光。1876 年，这种射线被欧根·戈尔德斯坦命名为 "阴极射线"。随后，英国物理学家克鲁克斯研究稀有气体里的能量释放，并且制造了克鲁克斯管。这是一种玻璃真空管，内有可以产生高电压的电极。他还发现，当将未曝光的相片底片靠近这种管时，一些部分被感光了，但是他没有继续研究这一现象。1887 年 4 月，尼古拉·特斯拉开始使用自己设计的高电压真空管与克鲁克斯管研究 X 光。他发明了单电极 X 光管，在其中电子穿过物质，发生了现在叫做轫致辐射的效应，生成高能 X 光射线。1892 年，特斯拉完成了这些实验，但是他并没有使用 X 光这个名字，而只是笼统地称为放射能。他继续进行实验，并提醒科学界注意阴极射线对生物体的危害性，但他没有公开自己的实验成果。1892 年赫兹进行实验，提出阴极射线可以穿透非常薄的金属箔。赫兹的学生伦纳德进一步研究这一效应，对很多金属进行了实验。亥姆霍兹则对光的电磁本性进行了数学推导。

1895 年，德国物理学家伦琴在研究阴极射线管中气体放电现象时，用一支嵌有两个金属电极的密封玻璃管，在电极两端加上几万伏的高压电，用抽气机从玻璃管内抽出空气。为了遮住高压放电时的光线外泄，在玻璃管外面套上一层黑色纸板。他在暗室中进行这项实验时，偶然发现距离玻璃管两米远的地方，一块用铂氰化钡溶液浸洗过的纸板发出明亮的荧光。再进一步试验，用纸板、木板、衣服及厚约两千页的书，都遮挡不住这种荧光。更令人惊奇的是，当用手去拿这块发荧光的纸板时，竟在纸板上看到了手骨的影像。

当时伦琴认定这是一种人眼看不见但能穿透物体的射线。1895 年 12 月 28 日，他完成了初步的实验报告"一种新的射线"。他把这项成果发布在维尔茨堡物理医学学会的期刊上。因无法解释它的原理，不明它的性质，故借用了数学中代表未知数的"X"作为代号，称为"X"射线（或称 X 射线或简称 X 线）。这就是X射线的发现与名称的由来，此名一直沿用至今。后人为纪念伦琴的这一伟大发现，又把它命名为伦琴射线。

X射线的发现在人类历史上具有极其重要的意义，它为自然科学和医学开辟了一条崭新的道路，为此 1901 年伦琴荣获物理学第一个诺贝尔奖奖金。经伦琴及各国科学家的反复实践和研究，逐渐揭示了 X 射线的本质，它是一种波长极短（0.01~10 nm）、能量很大的电磁波。它的波长比可见光的波长更短，它的光子能量比可见光的光子能量大几万至几十万倍。因此，X 射线除具有可见光的一般性质外，还具有自身的特性。

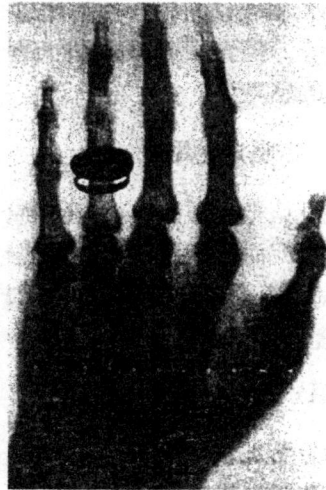

图 3.1.1　X 射线拍摄的手骨图像

二、X射线的性质

X 射线对物质的作用通常包括穿透作用、荧光作用、感光作用、危害作用等。

（一）穿透作用

穿透作用是指 X 射线通过物质时不被吸收的能力。X 射线能穿透一般可见光所不能透过的物质。可见光因其波长较长，光子具有的能量很小，当射到物体上时，一部分被反射，大部分为物质所吸收，不能透过物体；而 X 射线则不然，因其波长短，能量大，照在物质上时，仅一部分被物质所吸收，大部分经由原子间隙而透过，表现出很强的穿透能力。X 射线穿透物质的能力与 X 射线光子的能量有关，X 射线的波长越短，光子的能量越大，穿透力越强。X 射线的穿透力也与物质密度有关，密度大的物质，对 X 射线的吸收多，透过少；密度小者，吸收少，透过多。利用差别吸收这种性质可以把密度不同的骨骼、肌肉、脂肪等软组织区分开来。这正是X射线透视和摄影的物理基础。

（二）荧光作用

由于X射线波长很短，因此是不可见的。但它照射到某些化合物如磷、铂氰化钡、硫化锌镉、钨酸钙等时，由于电离或激发使原子处于激发状态，原子回到基态过程中，由于价电子的能级跃迁而辐射出可见光或紫外线，这就是荧光。X射线使物质发生荧光的作用叫荧光作用。荧光强弱与X射线量成正比。这种作用是X射线应用于透视的基础。在X射线诊断工作中利用这种荧光作用可制成荧光屏、增感屏、影像增强器中的输入屏等。荧光屏用作透视时观察X射线通过人体组织的影像，增感屏用作摄影时增强胶片的感光量。

（三）感光作用

同可见光一样，X射线能使胶片感光。当X射线照射到胶片上的溴化银时，能使银粒子沉淀而使胶片产生"感光作用"。胶片感光的强弱与X射线量成正比。当X射线通过人体时，因人体各组织的密度不同，对X射线量的吸收不同，致使胶片上所获得的感光度不同，从而获得X射线的影像。这就是应用X射线作摄片检查的基础。

（四）危害作用

物质受X射线照射时，核外电子脱离原子轨道，这种作用称为电离作用。在光电效应和散射过程中，出现光电子和反冲电子脱离其原子的过程叫一次电离，这些光电子或反冲电子在行进中又和其他原子碰撞，使被击原子逸出电子叫二次电离。由于电离作用，X射线能够使气体导电，使某些物质发生化学反应。除此之外，当X射线照射到生物机体时，生物细胞受到抑制、破坏甚至坏死，致使机体发生不同程度的生理、病理和生化等方面的改变。不同的生物细胞，对X射线有不同的敏感度。总之，X射线可以用于治疗人体的某些疾病，如肿瘤等，亦会使正常机体受到伤害，因此在日常的X源接触范围内要做好人体安全防护。

由于X射线具有如上种种效应，因而在工业、农业、科学研究等领域获得了广泛应用，如工业探伤、晶体分析等。在医学上，X射线技术已成为对疾病进行诊断和治疗的专门学科，在医疗卫生事业中占有重要地位。在安全检查领域，X射线技术被广泛应用于各种X射线安全检查设备中，现阶段已成为全球民航安检无法取代的技术。

三、X射线的应用

1895年，爱迪生研究材料在X光照射下发出荧光的能力，发现钨酸钙最为明显。1896年3月，爱迪生发明了荧光观察管，后来被用于医用X光的检验。然而1903年爱迪生终止了对X光的研究，因为他公司的一名玻璃工人喜欢将X光管放在手上检验，得上了癌症，尽管进行了截肢手术仍然没能挽回生命。1906年物理学家贝克勒耳发现X射线能够被气体散射，并且每一种元素都有其特征X谱线，他因此获得了1917年诺贝尔物理学奖。

在20世纪80年代，X射线激光器被罗纳德·里根总统设置为战略主动防御计划的一部分。然而对该装置（一种类似激光炮，或者死亡射线的装置，由热核反应提供能量）最初的同时也是仅有的试验并没有给出结论性的结果。同时，由于政治和技术的原因，整体的计划（包括X射线激光器）被搁置了（然而该计划后来又被重新启动——使用了不同的技术，并作为布什总统国家导弹防御计划的一部分）。

在20世纪90年代，哈佛大学建立了X射线天文台，用来观测宇宙中强烈的天文现象中产生的X射线。与从可见光观测到的相对稳定的宇宙不同，从X射线观测到的宇宙是不稳定的。它向人们展示了恒星如何被黑洞绞碎，星系间的碰撞，超新星和中子星。

波长略大于0.5 nm的X射线称作软X射线。波长短于0.1 nm的X射线叫做硬X射线。硬X射线与波长长的（低能量）伽马射线范围重叠，二者的区别在于辐射源，而不是波长：X射线光子产生于高能电子加速，伽马射线则来源于原子核衰变。

产生X射线的最简单方法是用加速后的电子撞击金属靶。撞击过程中，电子突然减速，其损失的动能会以光子形式放出，形成X光光谱的连续部分，称之为制动辐射。通过加大加速电压，电子携带的能量增大，则有可能将金属原子的内层电子撞出。于是内层形成空穴，外层电子跃迁回内层填补空穴，同时放出波长在0.1 nm左右的光子。由于外层电子跃迁放出的能量是量子化的，所以放出的光子的波长也集中在某些部分，形成了X光谱中的特征线，此称为特性辐射。

此外，高强度的X射线亦可由同步加速器或自由电子镭射产生。同步辐射光源，具有高强度、连续波长、光束准直、极小的光束截面积以及时间脉波性与偏振性，因而成为科学研究最佳之X光光源。

探测器X射线的探测可基于多种方法。最普通的一种方法叫做照相底板法，这种方法在医院里经常使用。将一片照相底片放置于人体后，X射线穿过人体内软组织（皮肤及器官）后会照射到底片，令这些部位于底片经显影后保留黑色；X射线

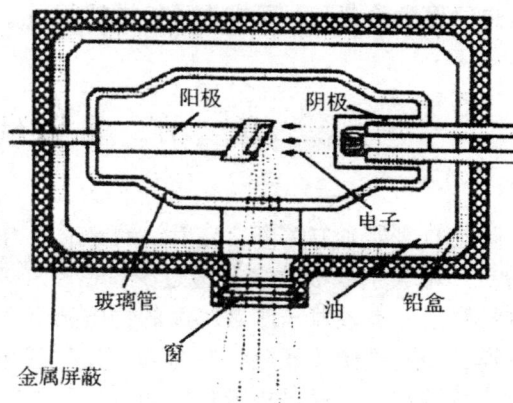

图3.1.2　X射线管结构示意图

无法穿过人体内的硬组织，如骨或其他被注射含钡或碘的物质，底片于显影后会显示成白色。另一方法是利用X光照在特定材质上所产生的荧光，例如碘化钠科学研究上，除了使用X光电荷耦合元件（CCD），也利用X光游离气体的特性，使用气体游离腔进

行 X 光强度侦测。这些方法只能显示出 X 射线的光子密度，但无法显示出 X 射线的光子能量。X 光光子的能量通常以晶体使 X 光衍射再依布拉格定律决定。

在晶体学研究上，劳厄发现了 X 射线通过晶体之后产生的衍射现象，即 X 光衍射。布拉格则使用布拉格定律对衍射关系进行了定量的描述。

伦琴发现 X 射线后仅仅几个月时间内，它就被应用于医学影像。1896 年 2 月，苏格兰医生约翰·麦金泰尔在格拉斯哥皇家医院设立了世界上第一个放射科。

放射医学是医学的一个专门领域，它使用放射线照相术和其他技术产生诊断图像。X 射线的用途主要是探测骨骼的病变，对于探测软组织的病变也相当有用。常见的例子有胸腔 X 射线，用来诊断肺部疾病，而腹腔 X 射线则用来检测肠道梗塞。某些情况下，使用 X 射线诊断还存在争议，例如肾结石（一般可见，但并不总是可见）。

借助计算机，人们可以把不同角度的 X 射线影像合成三维图像，在医学上常用的电脑断层扫描（CT 扫描）就是基于这一原理。射线计算机断层成像（X-Ray Computed Tomography，简称 X-CT）是一种利用数位几何处理后重建的三维放射线医学影像。该技术主要通过单一轴面的 X 射线旋转照射人体，由于不同的组织对 X 射线的吸收能力（或称阻射率 Radiodensity）不同，可以用电脑的三维技术重建出断层面影像。经由窗宽、窗位处理，可以得到相应组织的断层影像。将断层影像层层堆栈，即可形成立体影像。

这一技术优于 X 光影像的部分主要有：首先，X 射线计算机断层成像可以提供完整三维信息，而 X 光影像只能提供多断面重叠投影；第二，由于电脑断层的高分辨率，不同组织阻射过所得放射强度（Radiodensity）即使是小于 1% 的差异也可以区分出来；第三，由于断层成像技术提供三维图像，依需要不同，可以看到轴切面、冠状面，它亦被称为多平面数位重建。除此之外，任意矢切面的影像切面的图像均可通过插值技术产生，这给医学诊断和科研带来了极大的便利。

第二节　X 射线机工作原理

除与自身能量有关外，X 射线的穿透能力与物质密度、尺寸和成分等有关。密度大的物质，对 X 射线吸收多，透过少；密度小者，吸收少，透过多。尺寸越厚的物质越不容易穿透，有效原子序数越大的物质越不容易穿透。X 射线一般对不同物质的穿透力不一样，因此成像的颜色存在差异。X 射线机正是基于行李物品中不同物质对 X 射线的吸收特性差异，通过检测物质的有效原子序数，根据自身的图像处理功能和色彩配置方案，呈现行李物品的 X 光图像。

X 射线机图像颜色根据行李物品材料的不同分为三类：橙色、绿色、蓝色。其中橙色代表有效原子序数小于 10 的轻质元素及其组成的有机物，如食品、纺织品、水、炸药等。绿色一般代表有效原子序数 10~18 的中质量元素，如钠、钾、硫、磷等。而蓝色代表有效原子序数 18 以上的重质金属，如铁、锌、镍等。需要注意的是，在实际工作中，物质往往都是混合叠加的，同时尺寸各异，对X光的吸收特性存在较大差异，并不严格遵循上述规律。因此，在X射线机检查中密度或尺寸过大，X光穿透的物品，X光图像将呈现黑色或黑红色。

X射线机只能提供被检行李物品的图像，安检人员需要通过观察X光图像呈现的物品的颜色和轮廓判断被检物品种类。因此，为了保障检查的高准确度和检查效率，X射线机操机员需要相关的知识背景，尤其是长期积累的丰富工作经验。

X射线机是一套能够产生数字化辐射图像的成像系统，其目的是将人的肉眼看不到的详细图像信息转化为肉眼可见的图像，主要包括辐射源、辐射探测器、数据获取和传送设备以及图像处理设备。其工作原理如图3.2.1、图3.2.2所示：被检物品进入X射线检查通道，将遮住包裹检测传感器（光障），检测信号被送到控制单元，产生X射线触发信号，触发X射线发射源发射X射线，X射线经过准直器形成非常薄的扇形X射线束，穿过被检物品后到达探测器。探测器把X射线的光信号转换为电信号，然后通过图像处理软件再现包裹内物品的轮廓、构成及材料属性。当被检物品通过检测区域后，射线发生器会停止产生射线。

当物品被检查时，非常薄的扇形X射线束会一层一层地扫过被检物，相当于对被检物进行切片，图像采集系统收集并存储每一层扫描线的图像信息，当传送带将被检物品输送通过检测区域后，将得到被检物品的整个图像信息，形成其完整的X射线图像。产生的图像可以显示在监视器上，也可以储存在数字存储单元上，供以后使用。

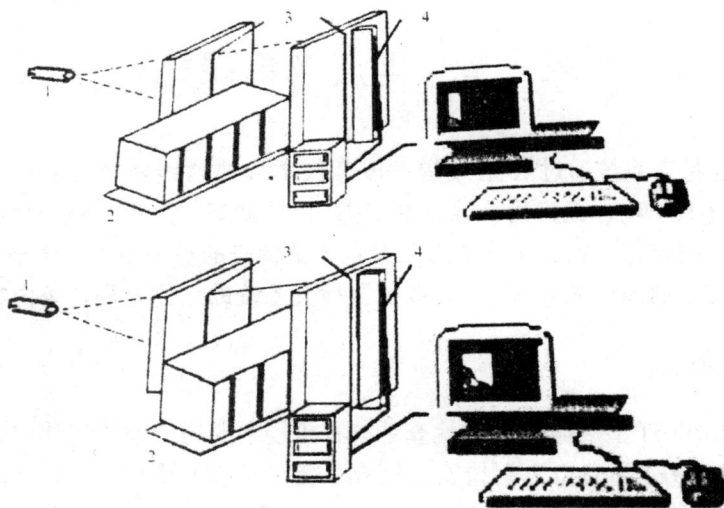

图 3.2.1　X射线机工作原理示意图

1. X射线发射器　2. 被检物品　3. 准直器　4. 探测器

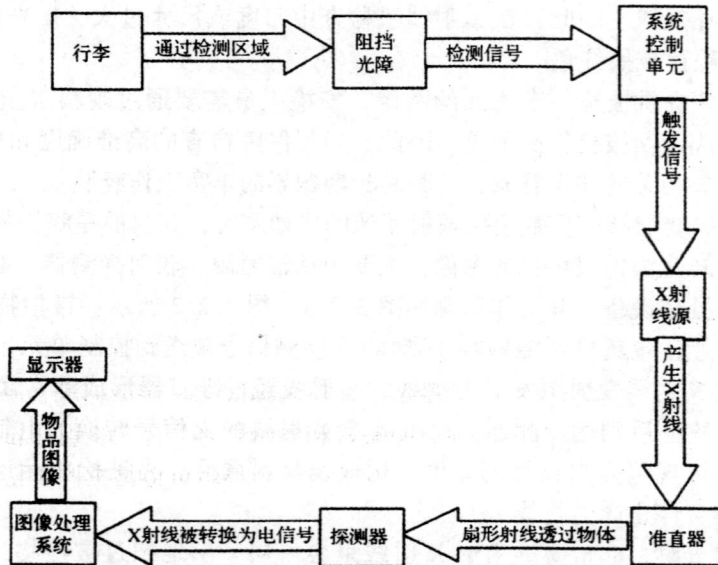

图 3. 2. 2　系统工作原理流程图

第三节　国产 X 射线机

X 射线安全检查系统通过 X 射线辐射成像技术和放射线物质检测技术辨识被检物品的材料类别（有机物、无机物、混合物三类），帮助安检人员检查出危险物品，是机场对旅客随身所携带行李物品进行免人工开包安全检查的重要工具，本节主要介绍当前国内机场普遍使用的国产 FISCAN X 射线安全检查系统的结构与操作等内容。

一、设备简介

同方 CX100100TI 型双能 X 射线检查系统在机场主要用于检查行李箱包等较大件物品，而 FISCAN CMEX-B6550 X 射线安全检查系统在机场主要用于检查旅客随身所携带的小件物品。X 射线安全检查系统的主要构成基本都是一致的，主要由 X 射线机分系统、探测器和数据采集分系统、电气控制分系统、机械传送分系统、软件系统组成，也可以分为 X 射线产生部分（X 射线机分系统）、成像部分（探测器和数据采集系统）、控制部分、机械部分。

（a）CX100100TI X 射线安全检查系统

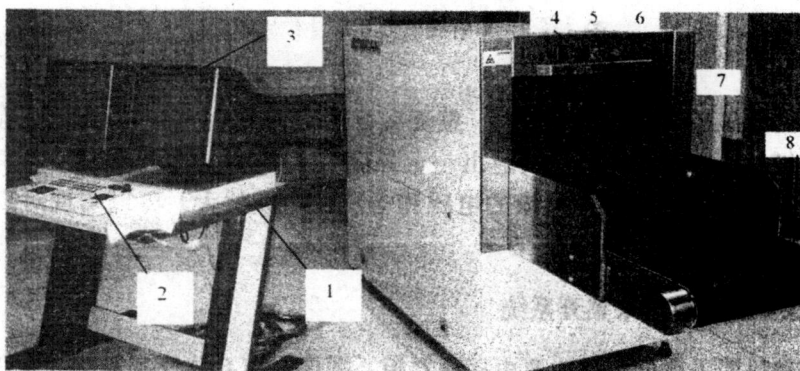

（b）CMEX-B6550 X 射线安全检查系统

1. 控制台　2. 专用键盘　3. 显示器　4. 射线指示灯　5. 紧急停止按钮　6. 电源指示灯　7. 铅门帘　8. 输送机

图 3.3.1　CX100100TI 和 CMEX-B6550 X 射线机实图

（一）X 射线机分系统

X 射线发生器作为射线源，是 X 射线机分系统的核心部件。它由 X 射线发射器和 X 射线控制器两部分组成，其中 X 射线发射器为全密封的油冷箱体，X 射线发射器由 X 射线管、高压硅堆、高压电容、高压变压器、分压器和铅屏蔽等组成。

X 射线发生器的工作原理是，通电后，通过真空室里的金属灯丝进行高温加热获得电子，电子加速后，打在钨靶上，产生 X 射线。

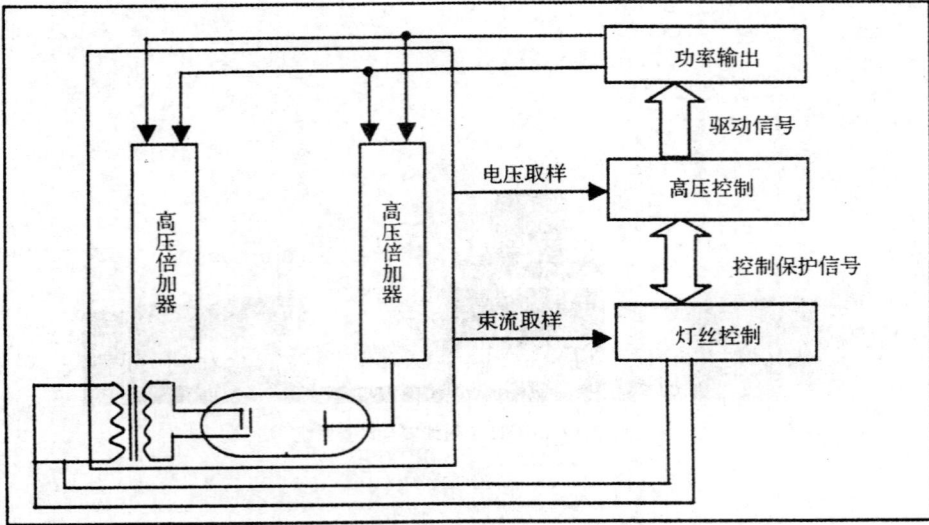

图 3.3.2　X 射线机分系统工作原理图

将输入的电压经高压变压器变压、整流后可达到 16 kV 的高压，高压加在 X 射线管的阴极与阳极上，X 射线管便可发射出一定强度的 X 射线，再经准直器发射出一定角度的扇形 X 射线束。同时，将反馈的电压和电流经比较放大，可以实现对高压的稳定与调节，以满足系统的需要。

（二）探测器和数据采集分系统

探测器和数据采集分系统主要由探测器板、图像采集系统及其铅制外壳组成。图像采集模块属于数据采集系统的核心部分，其作用是将探测器输出的微弱电流信号转换为数字图像信号，然后通过外接通信模块将数据送到计算机。铅制外壳的主要作用为射线屏蔽。

工作原理：数据采集分系统由探测器、模拟板探测器将接收到的 X 射线经过光电转换，转换为极其微弱的电流信号，并将此电流信号传输至与探测器直接接插的模拟板，并由模拟板的放大电路将电流信号放大后传输至数字板，由数字板转化为数字信号直接传输至计算机，并由计算机进行后续的图像处理。模拟板和数字板工作所需的电源由外接的 7 V 直流电源直接进行供电。

模拟板的主要作用是放大由探测器晶体传输进的微弱电流信号，从而使该电流信号可以进行传输。数字板的作用是将模拟板传输至的模拟电流信号转化为数字信号。

（三）电气控制分系统

电气控制分系统的主要功能是控制设备的各模块单元正常运行，作用主要包括：接受控制台（操作键盘）用户指令，控制辊道或皮带正反向转动；监控光电传感器信号，完成扫描图像处理；接收系统运行检查分系统指令，完成设备各逻辑控制功能，并且在系统中对各设备进行配电管理等。

电气控制分系统的主要构成包括工控机、配电板、主控制电路板、转接电路及光电传感器、变压器、稳压器、变频器、不间断电源 UPS（选配件）。其中，主控制电路板是整个电气控制分系统的"大脑"，负责所有部件的动作控制；光电传感器利用红外对射，检测通道有被检物体通过，并向控制系统输出此信息，控制系统命令 X 射线机产生 X 射线并由数据采集分系统采集数据；稳压器消除输入电压的浪涌，对设备起保护作用；变频器可使设备适应不同的电源频率，在不同的电源频率下，传输系统保持稳定的运行速度。

（四）机械传送分系统

机械传送分系统由设备框架、外罩板、传输系统、非机动辊道等组成，在系统运行过程中，完成对被检物品的传送。机械结构的两大部分是传输系统和机架，传输系统贯穿于设备，由框架、电动滚筒、改向滚筒、托辊共同组成。

（五）软件系统

软件系统主要是操作系统、驱动程序、安全检查系统软件（OIS）。

二、操作

除了机身上的紧急停止按钮以外，X 射线机的操作控制都集中在其键盘上。如图 3.3.3 和图 3.3.4 所示，X 射线机键盘主要包括开关、指示灯、数字键区、检查功能键、游标键、传送带控制和强制扫描等。利用 X 射线机进行行李物品检查时，必然经历开关机、系统登录注销、行李扫描、图像辨识等过程。其中，利用各功能键对 X 射线机的扫描图像进行辨识，发现行李中不符合相关运输规定的物品，是 X 射线机操作中最重要的关键环节。

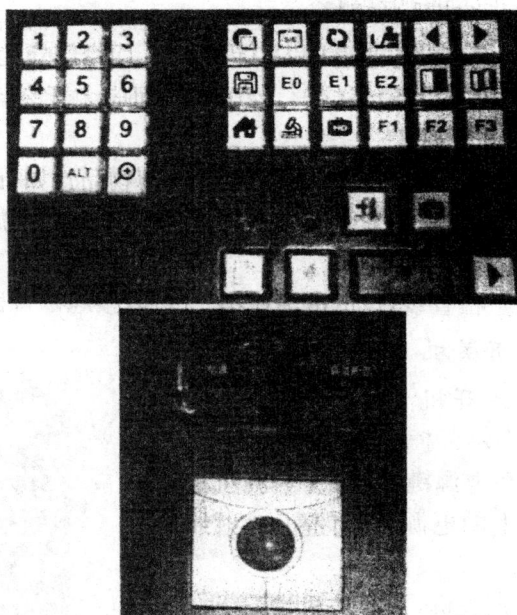

图 3.3.3　CMEX-V6550B X 射线机操作面板布局

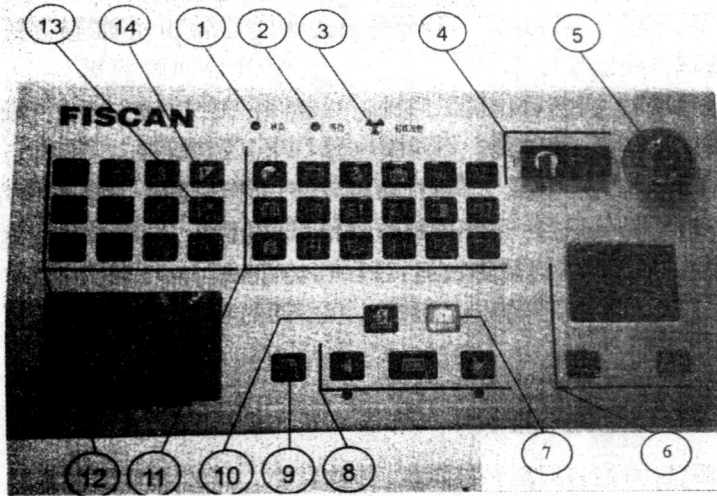

图 3.3.4　CMEX-B6550 X 射线机专用键盘实图

1. 状态指示灯　2. 等待指示灯　3. 射线指示灯　4. 钥匙开关及电源键　5. 紧急停止开关　6. 鼠标　7. 可疑物品判读键　8. 输送机运行、停止键　9. 强制扫描键　10. 注销键　11. 18 个图像处理功能键　12. 数字键　13. 放大/登录键　14. 上档/回格键

（一）开关机程序

1. 设备开机前预检

（1）检查设备通道出入口铅门帘，门帘间应无明显间隙，且无明显破损。

（2）检查设备传送带。传送带表面应无开裂现象，且传送带边缘与两侧的护板应留有一定的距离。

（3）检查设备通道内部是否有遗留物品，如有，应将其清理干净。

（4）外罩板上紧急停止开门是否可按下并能旋转复位；设备操作键盘各键和紧急停止开关是否操作正常。

（5）检查设备供电电缆连接、电源接地是否良好。

2. 开关机

（1）开机：连通主电源，如图 3.3.5 所示，插入钥匙顺时针旋转，按下绿色电源键，此时 X 射线机机身和键盘上的电源指示灯亮，X 射线机启动。

（2）关机：正常关机情况下，将钥匙逆时针旋转，待电源指示灯熄灭（大约需一分钟），X 射线机完成关机

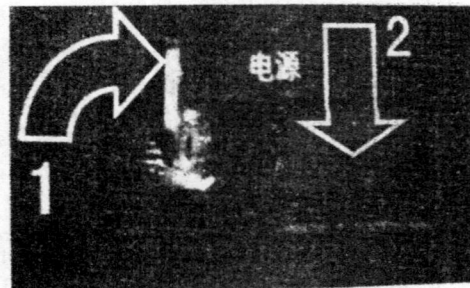

图 3.3.5　FISCAN CMEX 系列 X 射线机开机示意图

时，方能切断主电源；紧急情况下，可按下机身和键盘上的任一紧急停止开关，X射线机即将瞬时断电关机，下次开机时需要将紧急停止按钮旋起。

（二）系统登录注销

针对不同等级的操作员与管理员，X射线机检查系统可设置不同的操作权限。每一操作员和管理员都可设置相对应的唯一的账号和密码登录系统。X射线机开机完成后即进入登录界面，操作人员只需要利用键盘上的数字键区输入相应的账号密码即可完成登录。注销时，只需要按下注销键即可回到登录界面。

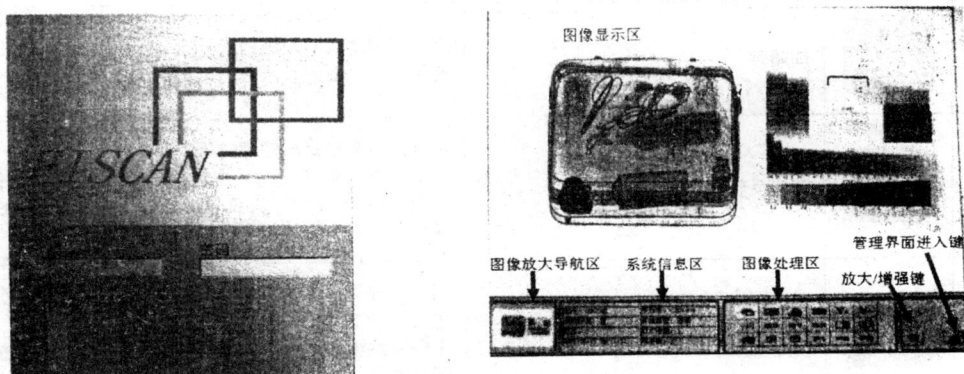

图3.3.6　FISCAN CMEX系列X射线机登录界面（左）和检查界面（右）

（三）功能键

表3-3-1　FISCAN CMEX系列X射线机操作功能键

序号	功能键	名称	功能
1		边缘增强键	用于使图像边缘显得清晰； 图像初始状态即显示"边缘增强效果"。
2		有机物剔除/无机物剔除切换键	用于凸显有机物或无机物； 第一次按下无机物剔除，第二次按下有机物剔除。
3		高吸收率报警键	用于凸显高密度物质，如厚金属板等； 按下此键，图像中黑色或红色的未穿透区域呈黑白或红白闪烁状态。
4		超级增强键	用于显示图像的某些细节； 按此键后，图像层次、轮廓和色彩反差等均有所加强。

续表

序号	功能键	名称	功能
5	💾	选择存储键	用于存储图像，设备在选择存储状态时，按下此键即可将屏幕上当前图像存储在硬盘的选择存储空间。
6	E0	加亮键	用于识别图像中较暗的部分，显示设备的穿透能力； 使用此键，图像显示区亮度整体增加。
7	E1	加暗键	用于识别图像中较亮的部分； 使用此键，图像显示区亮度整体变暗。
8	E2	灰度反转键	用于凸显某些材质轮廓或层次； 按下此键，彩色图像：主色调不变，深变浅，浅变深；黑白图像：灰度深浅反转，黑变白，白变黑。
9	▯	黑白/彩色切换键	用于凸显某些材质轮廓或层次，显示设备的分辨力； 设备初始图像为彩色，按下此键变为黑白，再按恢复彩色。
10	⏸	亮度扫描键	用于凸显某些特殊材质轮廓或层次； 图像亮度动态循环变化"渐亮—最亮—渐暗—最暗—渐亮……"
11	🏠	复原键	将图像由任一参考状态（处理后状态）恢复为初始状态； 将图像由图像回拉状态恢复到当前状态。
12	V+ V-	吸收率递减键	用于凸显高密度物质的层次； 设备可一次显示同一幅图像9级吸收率图像。
13	➕➡	吸收率递增键	用于调用设备存储的可回拉图像； 每按一次，设备显示当前显示图像的前一幅或后一幅图像。
14	F1 F2 F3	自选择功能键	用于选择在卷轴过程中的图像实时处理功能； 需要具有高级权限的管理员设置，共13个选择。
15	⊕↵	放大/登录键	用于放大处理和登录确认。

续表

序号	功能键	名称	功能
16		上档/回格键	用于输入时消除； 与E0、E1、E2配合使用。
17		强制扫描键	当检查薄型或镂空形状物品时使用； 输送机运行时，按住此键可使X射线持续发射。
18		注销登录键	操作员登录后的注销。按下此键回到登录界面。
19	+ E0	超级加亮	同时按下两键，用于对黑暗部分进行加亮处理，便于衬托出相关部位的轮廓。
20	+ E1	超级加暗	同时按下两键，用于对高亮部分进行加暗处理，便于衬托出相关部位的轮廓。
21	+ E2	伪彩色	同时按下两键，四种颜色（红、绿、蓝、黄）区分物体轮廓。
22		传送带控制键	控制传送带运转和停止，三角箭头所指代表方向，中间为STOP键。

  FISCAN CMEX系列X射线机图像放大方式有两种，分别是屏幕上的放大/增强键、专用键盘上的放大键/数字键。

  用屏幕上的放大/增强键时，首先单击屏幕右下方的放大镜按钮（见图3.3.7）。然后利用游标键将鼠标移动至图像显示区，单击右键，相应区域逐次增大放大倍数，最大可放大32倍。单击左键，可逐次减小放大倍数；第二次单击此按钮，激活"增强镜"功能。将鼠标移动至图像显示区，单击右键使相应区域主机增强，最高可增强至10级。图3.3.7左图为增强到4级的效果，右图为减弱到1级的效果。

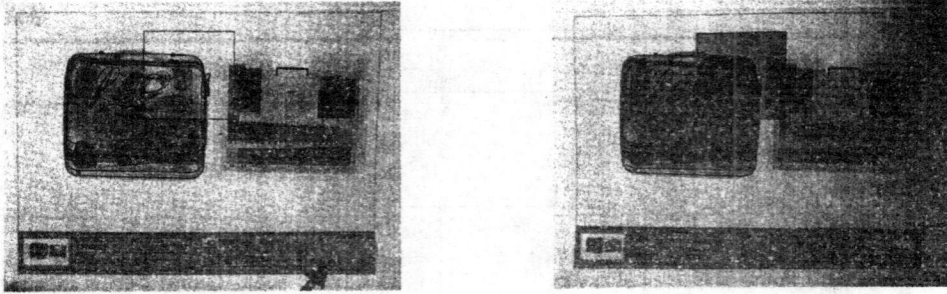

图 3.3.7　FISCAN CMEX 系列 X 射线机增强镜效果

若有专用键盘上的放大键/数字键，需要将两者组合使用。首先按下放大键，然后屏幕会被划分成九宫格，选择 1~9 中任一数字，即可实现屏幕相应区域的放大，再次按下放大键则放大模式取消。其中，在选项里有三种放大模式可供选择，分别是：2 倍放大按键保持模式、2 倍放大按键触发模式、2/4/8 倍放大按键触发模式。

三、常见故障诊断

表 3-3-2　常见故障及解决方法

故障现象	现象诊断	解决方法
转动钥匙开关，系统就绪指示灯不亮，系统不能正常上电。	设备总电源插头没有插牢固；空气保护开关没有闭合；操作键盘控制电缆插头松动；系统总保险管 FU1 烧毁。	将设备总电源插头插好；闭合空气保护开关；紧固控制电缆插头；更换总保险管 FU1。
按下操作键盘的前进、后退按钮，传送皮带没有动作，但按钮指示灯亮。	保险管 FU3 烧毁；变频器损坏；主控制板损坏。	更换保险管 FU3；更换变频器；更换主控制板。
胶带运行中，无行李时，X射线机出束，无法停止。	软件设置连续出束；光障被物体长时间遮挡；光障接线松动。	更改软件设置；清除光障上的遮挡物；检查光障接线并紧固。
X 射线机无法出束。	按下了任意一处的急停开关；X 射线机电源钥匙开关关闭或损坏；安全连锁开关弹起或接线松动；通道入口光障信号没有送入控制板；X 射线机故障。	检查并复位开关；检查 X 射线机电源钥匙开关；检查安全连锁开关；检查通道入口光障；更换 X 射线机。
传送皮带运行中突然停止运转。	按下了任意一处的急停开关；安全连锁开关弹起或接线松动；变频器故障；按动了鼠标的右键，系统菜单弹出。	检查并复位开关；检查安全连锁开关；检测变频器；重新按下前进按钮。

续表

故障现象	现象诊断	解决方法
设备运行中突然关机。	系统供电插头松动或脱落； 系统供电电压出现大的波动，导致UPS进行保护（选配）； 系统供电回路有短路现象，导致空气开关保护。	检查并复位插头； 待供电电压正常后，重新启动系统； 故障排除后，恢复空气开关。
图像质量下降。	系统连续扫描物品时间过长，需要重新进行校正； 显示器上有污物，影响观察图像； 三点一线位置改变； X射线机老化。	从系统菜单选择"重新生成校正表"，重新校正； 清洁显示器屏幕； 重新调整三点一线； 更换X射线机。
放上被检物后，传送皮带出现打滑现象。	传送皮带由于时间长或使用条件改变，导致皮带松动； 传送带上的物体超重。	调节皮带的张紧装置； 取下部分物体。
X射线机散热风扇停止工作。	散热风扇接线松动； 散热风扇损坏。	检查散热风扇接线，紧固接线； 更换散热风扇。
系统启动后，显示器屏幕停留在自检画面，不能进入操作系统，或屏幕提示无信号输入。	工控机的板卡松动或损坏。	将工控机从设备上拆下，打开工控机箱，紧固板卡。
进入应用程序后，屏幕提示"主控制器通讯失败"。	工控机串口卡故障； 串口线插头松动或损坏。	检查串口卡是否松动； 检查串口线插头。
开机运行过程中自动关机，并退出运行检查程序，工控机停机。	工控机CPU故障，致使CPU散热不良。	检查并修复CPU风扇。

第四节 史密斯·海曼 HiTrax 系列 X 射线机

德国史密斯·海曼公司是当今世界上较大的 X 光安检设备生产商，其 HiTrax 系列（如 HI-SCAN 6040、6046 等）X 射线机在我国民航机场亦应用较多，其结构和原理与我国 FISCAN X 射线机一致。本节将概要介绍 HiTrax 系列 X 射线机的操作和维护。

一、图像检查注意事项

（1）下一个物品的图像会取代前面被扫描的物品图像在屏幕上显示出来。因此，辨别一幅 X 光图像的时间是有限的，不要在紧迫的时间内辨别 X 光图像。安全标准完全依赖于 X 射线机操机员的工作成效，如果没有足够时间去充分检查一幅图像，就应停止传送带。

（2）将不能辨认的物品当作可疑物品，并对它重新进行检查。时刻提醒自己，HI-SCAN X 射线机通常不能自动检测到危险物品，需要检查人员细致观察图像检查，不要将注意力从对整个图像的辨别转移到一些容易分辨的细节上。

（3）如果不能通过图像显示方式调亮呈黑色显示的物品，则一定要开包检查，因为危险物品可能藏匿其中。

（4）在对行李物品进行检查的过程中，如果传送带被手动或自动停止，传送带可能会自动倒转一小段距离。这样可以避免 X 光图像的中断。在扫描行李物品的过程中，如果停止传送带时传送带没有倒转一段，那么当最终继续扫描时，传送带将自动进行倒转，可以避免 X 光图像的中断（不中断图像处理）。在这种情况下，请注意放在传送带入口端的行李物品，因为当倒转传送带时，这些物品可能会翻落。

二、开关机

（一）调节控制

（1）将正确的钥匙插入键盘锁中并向右转动。将键盘上的黑色锁钮向左拉并将键盘角度转动到理想位置，锁钮可以锁定三个不同的位置。

（2）使用操作台上的两个按钮可以用电控方式将操作台上下移动。移动操作台时，请注意防止身体的任何一部分或任何物品被挂住。

（3）紧急情况下，可用急停开关关机。重新开机前，应将其旋转或拉出复位。

（4）射线指示灯用以警告 X 射线正在发射。

（二）开机前检查

（1）检查 X 射线机的外壳面板、显示器、键盘及电缆是否损伤。如果有损伤，严禁开机，并且应当拔出电源插头使其与主电源断开。

（2）检查通道入口及出口的铅防护帘是否缺损，如缺损则铅防护帘不能使用。

（3）检查 X 射线机的传送带是否磨损或污脏，在开机前必须将脏物清除。

（4）在 HI-SCAN X 射线机传送带与导入导辊和导出导辊或安装于其后的传送导辊之间，安装有一个跳辊，检查它是否可被提升大约 10 cm。跳辊不能被固定，否则，如果将手放置于传送带与跳辊之间会导致损伤。

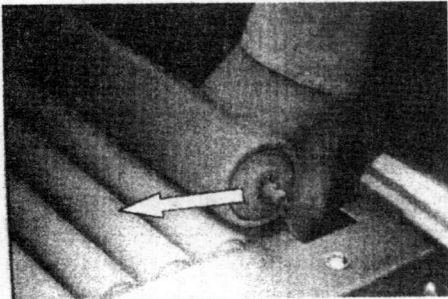

图 3.4.1　HiTrax X 射线机活动跳辊

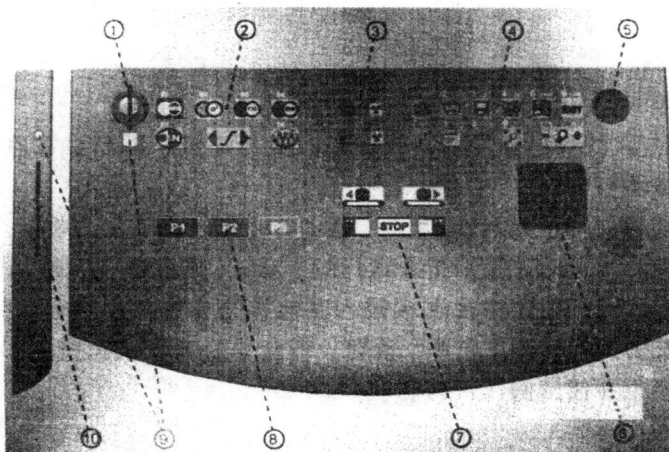

图 3.4.2　HiTrax X 射线机键盘
1. 钥匙孔　2. 图像处理键　3. 指示灯　4. 功能键　5. 紧急停止按钮
6. 游标键　7. 传送带控制键　8. 自选择处理功能键　9. 插孔指示灯　10. 读卡器

（三）开机

（1）安全检查后，将钥匙插入 HI-SCAN X 射线机键盘的钥匙开关，如图 3.4.3 所示，将钥匙向右转动约 140°至 Ⅱ 位置，听到 X 射线机启动后放开钥匙，钥匙会自动回旋至 Ⅰ 位置。

（2）HI-SCAN X 射线机键盘上的电源接通指示灯点亮，随后等待指示灯 ▇ 亮起，HI-SCAN X 射线机首先进行自检测，然后出现带有 "HEIMANN，X-ACT" 字符界面，等待指示灯 ▇ 熄灭。

（3）如果 HI-SCAN X 射线机设置了注册程序，在屏幕中间会出现操机员识别码输入栏。如果未设置注册程序，可以立即进入运行。

（4）注册后，X 射线机的工作情况会被记录下来，因此当离开 X 射线机或移交给同事时，必须退出注册。当下一位操机员正确注册进入，上一位操机员的注册会自动退出，

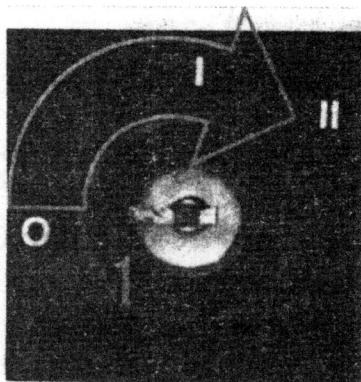

图 3.4.3　HI-SCAN 系列 X 射线机开机示意图

如果关机，则无需退出注册，因为关机会自动退出注册。

（5）如果是刚启动 X 射线机，在操机员注册后，X 射线机会立即开始清空通道中

的行李物品，在清空前屏幕上会出现一个提示栏。如果使用停止键停止传送带，上面显示的提示栏将会重新出现。传送带只能在通道被清空后自动停止。

（四）关机

（1）退出所有菜单。

（2）确保传送带上未遗留任何行李物品。如有必要，将传动带向左或向右运转，直到通道的物品被清空为止。

（3）扭动钥匙开关向左旋转90°至0位置，X射线机将自动关机。

（4）X射线机自动关机之后，仍会运行约1 min，期间电源接通指示灯会点亮，如果由于某些特殊的原因，需要将X射线机与主电源完全切断，应等到电源接通指示灯熄灭后再拔出电源插头或切断主电源，否则，将会导致X射线机损坏。

（5）将键盘复原并拔出操作台的钥匙。

三、功能与操作

（一）黑白图像（BW）

扫描行李物品获得的黑/白图像可用22种不同的、由白到黑的亮度级（灰度级）显示出来。亮度对应于被扫描物体时X光的实际吸收特性：

高吸收率的物体显现为深色或黑色。它们是高密度物体（如钢、铝），或者是较厚的低密度物体。低吸收率物体显现为明亮的色彩或白色。它们是低密度和较薄的物体（如纸张、纺织品）。没有配置黑/白显示器的X射线机，

图3.4.4　黑/白图像键

可以用●●键获得黑/白图像。

（二）HI-MAT^plus 多能量系统

与黑/白图像不同，除具有22种不同亮度之外，HI-MAT^plus 彩色图像以三种不同的基本颜色及32种色度来显示被扫描行李的物质组成。

根据物质包含的化学元素的有效原子量，可以将物质的组成分为三类，分别用橙色、绿色及蓝色表示。颜色的分配是根据物质对X射线的吸收率而实时计算出来。由于具有一定原子量的原子组成分子，不同的分子又组成混合物质，它们放置在行李中后，会产生不同的有效原子数 Z_{eff}，Z_{eff} 与物质的平均密度成比例关系。

因此，颜色表示物质的材料种类，颜色的明亮度（强度）表示物质的厚度。

表3-4-1　HiTrax X射线机彩色图像与物质构成关系

类别	有效原子数	单一物质及混合物
橙色	低于11	轻质元素：氢、碳、氮、氧及其组成的有机物，包括多数炸药（如硝化甘油）、塑料如丙烯酸材料、纸张、纺织品、食物、木材、水
绿色	11~18	中质量元素：铝、钠、氯、食盐
蓝色	18以上	重质元素：金属（如钛、铬、铁、镍、铜、锌、锡、铅、金、银等）

如果行李中放置了不同物品，颜色由吸收了大部分射线的材料来决定。将轻质物品与重质物品放置在一起，颜色会显示为橙色、绿色或蓝色。最终颜色取决于个别物质的厚度。

（三）只显示有机物（O²）及剔除有机物（OS）

只显示有机物功能█可以将被显示的物体限制为有机物，即由轻质物质构成的物体。另外，被较薄无机物覆盖的有机物也被显示出来。据此，HI-MAT^{plus}彩色图像仅以橙色及绿色显示物质，而无机物（即高密度物质）显示成淡灰色。在正常的图像中，无机物显示为蓝色。

剔除有机物功能█可将被显示的物体限制为高密度的非有机物。该种物质显示为绿色和蓝色，而有机物仅以淡灰色显示出来。

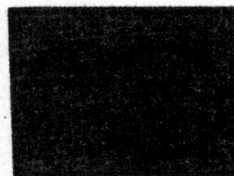

图3.4.5　只显示有机物键

（四）吸收率改变（VARI）

调节吸收率可以突出显示X光图像中某一吸收率的物体，同时将其他不同吸收率的物体滤除。低于已选择的吸收率范围的物体显示为白色，高于吸收率范围的物体显示为黑色。

向右重复按下█键，可以将吸收率范围移向吸收率高的物体（如金属）。选择的吸收率越高，吸收率范围将被自动设置得越小。在最高吸收率处，高吸收率物体将会以高对比度显示。将█键向左按下数次，可将吸收率范围移向低吸收率的物体（如纺织品、纸张）。如果切换到另外一种图像显示方式，先去选择的吸收率范围将被存储，所以重新使用该功能时不需要进行再次选择。

图3.4.6　剔除有机物键

图3.4.7　吸收率改变键

(五) 高穿透力图像显示 （HIGH）

难以穿透的物质（即对应于灰暗的图像区域）的对比度在上述图像显示方式（黑/白、HI-MAT^{plus}多能量）下，可通过高穿透力功能得到提高，从而显示一幅具有较高穿透力的图像。

图 3.4.8　高穿透力键

这样，可以检查到隐藏于高吸收率物体后面的物品，也可以将高吸收率物品变得更加清晰。即使是较厚的轻质有机物（如炸药、毒品）亦将被突出，而低吸收率物体则被滤除。

(六) 低穿透力图像显示 （LOW）

易穿透的物质（对应于明亮的图像区域）的对比度在上述图像显示方式（黑/白、HI-MAT^{plus}多能量）下，可通过低穿透力功能得到提高，从而显示一幅具有降低了穿透力的图像。因而低吸收率物体将变得更加清晰，而高吸收率物体则以黑色显示。

(七) 超强增强功能 （SEN）

通过 X-PLORE 特殊功能可以在 HI-MAT^{plus}彩色图像系统中进一步辨别橙色显示的有机物。

在上述图像显示方式（黑/白显示、HI-MAT^{plus}多能量，只显示有机物、剔除有机物、X-PLORE）下，可通过超级增强功能在整幅 X 光图像上获得最佳的对比度。相对应于明亮图像区域的低吸收率物体（如衣服）和相对应于灰暗图像区域的物体（隐藏于高吸收率物体之后的物体），可同时在屏幕上显示出来。通过实时电子图像处理，可对每一小块儿图像区域的对比度自动进行计算，因此可获得一幅具有最高分辨率的 X 光图像。

图 3.4.9　超级增强键

(八) HI-CAT 系统伪彩色及黑白图像

使用 HI-CAT 系统可以显示 6 种不同的彩色图像和 2 种不同的黑白图像。所有的图像都有一个共同点：吸收率和灰色级/亮度之间，以及颜色和物质种类之间没有直接关系。这和 HI-MAT^{plus}彩色图像中的情况是不一样的。

在不同的 HI-CAT 彩色图像系统中，不同吸收率的被扫描物体以不同的颜色显示。在 HI-CAT 黑/白图像系统中，不同吸收率的被扫描物体以 22 种灰度级显示。灰度级与吸收率之间没有比例关系。相近的吸收率以特别不同的颜色或灰度级来显示。

(九) VARI-CAT 功能 （HI-CAT 功能可改变吸收率）

HI-CAT 图像系统可以在吸收率和颜色之间，或在灰度级之间无级选择不同的对应关系，可以有选择地增强微小细节的分辨。

　　注意被检物品的细节。交替向左或向右按下 ▇▇▇▇ 键，可以无级地将图像的显示和被扫描的物体相对应，直到对物体细节的辨别达到最佳状态。

（十）图像放大功能

　　图像放大功能可以将图像的某一区域放大数倍（如果管理员设置设备在运行过程中也能进行图像放大，那么在 X 光图像中，那些见不到的图像部分可能存在着未辨认的危险物品）。如果使用游标键，可以对整幅图像中 8 个互相重叠的区域直接放大两倍。

　　向右按下 ▇-♀+ 键，可以放大 X 光图像的中间部分。

　　可以用游标键来移动被放大的区域。使用 ▇♀+ 键可增加放大倍数，将键向右按下时，当前被选择的图像区域的中间部分被进一步放大。将 ▇-♀+ 键向左按下数次，可以返回到没有放大的图像显示状态。

（十一）局部图像穿透增强功能（HiSpot）及高密度报警功能（HDA）

　　通过使用局部图像穿透增强功能及高密度报警功能，操机员的注意力会自动转到 X 光图像中具有较高吸收率的物品（该物品必须达到已设定的最小尺寸和吸收率）。可以用 AUTO 键启动和关闭 X-ACT 系统。在被激活状态下，状态显示栏的方式（mode）项下会显示 auto 字符。

　　局部图像穿透增强功能会在高吸收率物品周围的局部区域内，将该局部区域的图像在正常图像显示方式和高穿透率显示方式之间进行连续互换。高密度报警（HDA）功能会用粉红色框框出较高吸收率的物品。

　　此外，上述功能可设定成在检测到可疑物品或高吸收率物品后，立即自动停止传送带。在这种情况下，有关信息（英文）会出现在屏幕上。操机员需要用 P1 键进行确认并删除该信息。

（十二）炸药毒品自动探测系统（X-ACT）

　　使用 X-ACT 系统，可以检测出管理员设置的某些炸药或毒品。可以用 AUTO 键启动和关闭 X-ACT 系统。在被激活状态下，状态显示栏的方式（mode）项下会显示 auto 字符。

　　在 X 光图像中，用红框框出的可能是炸药，用绿框框出的可能是毒品，高吸收率物品则用蓝框框出。为确保 X-ACT 系统工作准确，管理员必须每月对 HI-SCAN X 射线机进行校准。此外，X-ACT 系统也可设定成在检测到可疑物品或高吸收率物品后，立即自动停止传送带。在这种情况下，有关信息（英文）会出现在屏幕上。操机员需要用 P1 键进行确认并删除该信息。

（十三）双向走包扫描方式（Full-reverse）

　　如果 X 射线机配置了双向走包扫描方式，可以改变 X 射线机的扫描方向。按住 ▇和 ▇ 键，就能进行反向走包扫描功能。

（十四）连续扫描功能（Continuous Scanning）

连续扫描功能可以扫描到光障探测不到的很薄的物品，如信件。在没有连续扫描功能的正常扫描方式下，只要传送带运转，X射线和图像卷轴就会一直被激活。而在使用连续扫描功能时，必须要压住▣和▣键，一旦松开，传动带和图像卷轴会马上停止，同时X射线也停止发射。

（十五）脚垫开关和脚踏开关

从启动传送带之前，到用STOP键停止传动带期间，操机员必须一直将脚踩在脚垫开关或脚踏开关上。

（十六）毒品炸药探测辅助功能（X-PLORE）

通过X-PLORE特殊功能可以在HI-MAT^{plus}彩色图像系统中进一步辨别橙色显示的有机物。

该功能可以逐个显示有效原子量Z_{eff}为7、8、9的物质。使用该功能时，图像呈黑白显示状态，只有对应于被选择的有效原子量的物质才呈红色显示。用▣键选择该功能，相对应于刚被选择的有效原子量Z_{eff}的物质的图像会显示出来。

向右或向左按下▣▣键可以获得较高及较低原子量的图像显示。

图3.4.10　毒品炸药探测键

表3-4-2　有效原子量可能物质对应关系

有效原子量 Z_{eff}	物质
7	聚乙烯（PE）
8	水，塑料炸药
9	毒品

如果物质被一种具有不同原子量的物质（如外包装容器）覆盖，那么其有效原子量就会发生改变。所以在辨别图像时，应当首先重视那些没被覆盖的物质。

（十七）反像显示（NEG）

在反像中，高吸收率物体显示为亮色，低吸收率物体显示为黑色。这样较小或较细的高密度物质（如金属丝）将变得更加清晰。

图3.4.11　反像显示键

四、故障诊断及解决方法

表 3-4-3　HiTrax X 射线机故障诊断及解决方法

故障	原因	排除方法
X 光机无法开机。	主电源插头未插入或主电源电缆未接上。	接上电源。
	电源中断。	恢复主电源。
	急停开关被锁住。	旋出或拉出所有急停开关。
无自检图像/等待指示灯不亮。	电子器件失效。	专业技术人员排除。
无自检图像或自检图像不完整/开机后等待指示灯亮了一下。	显示器未与电源电缆正确连接，或显示器被关闭（显示器的电源接通指示灯未亮）。	检查显示器主电源开关和电缆。
	显示器的调整不正确。	检查显示器的调整。
	视频电缆未接好。	检查接头。
工作一段时间之后 X 射线机停机。	传送带电机过热（如果 X 射线机不断停机，不要再继续使用直到修复为止，以免电机被损坏）。	让 X 射线机冷却大约 30 min，然后再次开机。如果检查非常重的行李，在行李之间应当保持更大的距离。
工作一段时间之后图像质量变差。	行李和行李之间的距离太短。	每过 15 min，传送带上两件相邻行李之间的距离应至少保持 50 cm（成像系统将自动进行校准）。
X-ACT 系统工作不正常。	运行一段时间后，X 射线源的参数会发生微小改变。由于 X-ACT 系统对精确度的要求很高，因而可能会导致检测出错。	要求管理员校准 X-ACT 系统。
X 射线机图像受到干扰。	在 X 射线机附近有干扰源，如无法屏蔽无线电波的仪器或无线对讲机。	关掉无法屏蔽无线电波的仪器，并使之与 X 射线机及显示器保持至少 1 m 距离。
停止或启动传送带时传送带倒转。	不是错误。倒转是为了确保已被部分扫描的行李的图像完整，而没有任何残缺，或为了确保在扫描之前对成像系统进行校准。	
发出警告信号（在可疑行李标注键未启动的情况下）。	有人将手伸入检查通道里，或当传送带停止时一件物品被移进或抛入通道。	确保没有人将手伸入通道。倒转传送带以检查是否有物品被抛入通道。
某些指示灯不工作。		用游标键选择主菜单中的诊断菜单并激活，然后选择指示灯测试并激活，使用游标键测试。

续表

故障	原因	排除方法
出错信息。	通道内有行李或探测器信号有偏差!请将行李移出通道,或关机后用手拿出行李!	开机后清空通道时,确保传动带运行时在传动带上未放置行李。
	到月底了!请下载 HI-TIP 数据!	如果在通道内未看到有行李,联系售后维修。
	超过要求期限 * * 天后 HI-TIP 数据仍未被下载!在 * * 天后该设备将不能进行扫描!	要求管理员下载 HI-TIP 数据。
	HI-TIP 数据未被及时下载!该设备不能进行扫描,直到数据被下载!	要求管理员下载 HI-TIP 数据。
	IMS 存储空间已满!	要求管理员下载 HI-TIP 数据。
	键盘未接好或有故障!	要求管理员删除不需要的图像文件或设置成自动删除旧图像文件。
	光障1或3被堵塞!关机并检查光障!(注:在进行右述的任何工作之前,都要关闭 X 射线机并将钥匙拔出。)	检查键盘连接插头。
		检查光障是否被物体堵塞,并检查位于铅防护帘后面通道内壁上的光障孔是否粘有脏物和行李标签等(从传送带移动方向观察,光障1位于通道入口处,光障3位于出口处)。
		将略湿的棉签塞入光障口并小心转动棉签,以清洁光障发射和接收二极管的表面。

第五节　设备维护

一、注意事项

(1) 在操作 X 射线检查系统前,需根据当地法律法规的要求,接受辐射防护方面的相关培训,了解辐射防护方面的相关规定和要求,并在接受必要的设备使用培训后,才可使用设备。

(2) 如有必要,需将安装和操作 X 射线检查系统设备情况通知设备使用的相关主管部门,并进行辐射安全检查。如果需要,请定期检查 X 射线的辐射防护情况。

（3）设备内X射线发生器较长时间断电后，再次使用前需预热操作以保障X射线发生器的工作寿命，依据运行检查的相应提示信息进行操作。

（4）操作和储存X射线检查系统设备环境应避免导电灰尘、化学气体等。

（5）设备供电前，务必保证现场提供的设备供电电源电压与设备要求的一致，同时确保电源容量大于设备使用功率；保证供电电源接地良好，不具备符合要求的接地条件时，应禁止使用设备。

（6）设备进行部件安装或更换时，需联系专业维修人员或设备售后服务部门；当发现设备外部线缆、传送带、铅门帘或指示灯损坏时，应停止使用设备并联系专业技术人员；禁止操作人员开启设备罩板，操作内部元件，该类操作应由专业维修人员进行。

（7）设备开机时，应保证有人值守，禁止人体的任何部位（或其他活体）进入通道。

（8）待检物品应按通道进口处提示标志的要求放置在传送胶带或辊道上；传送装置开启后，操作人员应注意传送装置上被检物品的位置，避免待检物品堵塞通道或跌落。

（9）检查过程中，应防止液体流入设备内部，如发生类似情况，必须立即停机清理。

（10）设备工作时，请勿遮挡罩板通风口，以保证设备内部散热良好。

（11）设备日常清洁保养时，请断开供电电源以保证安全。

二、导致故障的典型外部因素

表 3-5-1　导致故障的典型环境因素

环境因素	典型故障因素	预防措施
电源	夏季高温，加上供电紧张，电源电压波动剧烈，损坏内部器件；地线没有真正"接地"；采用非国标接线板，导致接触不良或没有地线端子。	配置交流净化稳压源，将电压控制在 220 V（+10%～-15%）；请电工落实电源地线可靠接地；更换质量可靠的接线板。
温度	温度过低，设备不能正常启动；温度过高，电子器件不能正常工作。	配置空调，将设备周围环境温度控制在 0℃～+40℃范围内。
灰尘	空气中灰尘较大，加上设备长时间未做清洁保养，导致内部器件积尘严重，损坏机电器件。	定期清除整机外部和部件内部积尘。
振动	长期处于振动环境，累计位移超过一定限度，导致器件移位、设备不能正常工作。	定期为光障、输送等部件做调偏，加固紧固件和插接件。
湿度	南方盆地空气湿度大，再加上昼夜温差大，清晨易产生结露，导致内部器件短路。	配置除湿机，将空气相对湿度控制在 10%～90%范围内（不结露）。

表 3-5-2　导致故障的典型人为因素

人为因素	不规范工作场景	预防措施
管理方面	将液体容器放在控制台或外盖板上，因倾洒导致电路短路。	制定规章，禁止将水杯等容器放在设备控制台或外盖板上。
	由非专业技术人员移动设备，导致设备故障。	移机应由专业技术人员实施。
技术方面	关机时，采用拔电源插头、关断稳压电源等方式，导致器件损坏。	操作员（或管理员）上岗前，应参加正规操作培训。
	关机后，未等电源指示灯自行熄灭，直接拔掉或关断稳压器或外接电源，导致计算机程序损坏。	用钥匙关机，应等待电源指示灯自行熄灭（一般延时 10 s）后，再关断稳压电源或切断外接电源。

三、保养

对设备进行保养维护是保持设备正常有效运转、增加设备使用寿命的重要手段。保养一般分为日常保养、定期保养。

（一）日常保养

1. 检查 X 射线指示灯和电源指示灯

在运行过程中，如果任何一个 X 射线指示灯或电源指示灯不能正常工作，立即停止使用系统，检查、更换 X 射线指示灯或电源指示灯。

2. 检查通道出入口的铅门帘

如果铅门帘有损坏、缺失应予以更换或补充。

3. 检查传送带的运行

在运行过程中，由于各种原因，可能会导致传送胶带跑偏，如果胶带左右距离中心线跑偏超过 10 mm，则需要进行调整。

4. 清洁光障

在运行过程中，光障表面可能会落有灰尘，影响光障信号的准确性，可用微湿棉球轻轻擦净光障表面，恢复光障表面的清洁度。

5. 清洁显示器和调整显示器亮度

在长期运行过程中，显示器表面会落有灰尘造成显示器亮度下降，影响物品图像的查看效果，可用显示器清洁剂清洁显示器屏幕并调整显示器亮度。

（二）半年度保养内容

1. 检查胶带是否有损坏和损耗度

胶带如果有比较严重的损坏和损耗时，应及时更换。

2. 检查胶带是否松动

胶带如果松动，会导致滚筒电机和胶带产生打滑现象，带载力不够，此时应调节胶带的张紧装置，消除胶带的打滑现象。

3. 检查滚筒电机是否有漏油

检查滚筒电机下方地面或胶带上是否有油渍或者电机有比较大的异响，如果有漏油现象或异响，应对电机进行检修或更换。

4. 检查胶带托辊

运转胶带，观察胶带托辊是否随传送带匀速运转，有无阻涩或异响，如果发生异常情况，对胶带托辊进行检修或更换。

5. 检查设备箱体外罩板

检查外罩板有无变形和松动现象，如有松动将其紧固。变形严重的需提醒用户注意保护措施。

6. 检查键盘按键

检查各按键按下后是否可迅速恢复，有无阻涩感觉，检查各功能按键操作及各指示灯对应是否正确，检查各按键按下后的灵敏度和在显示器上的功能反应速度。如果个别按键灰尘过多出现阻涩或导电橡胶弹性失灵，请打开键盘更换弹性导电橡胶并清理灰尘。

7. 测试 X 射线机、通讯串口、红外、探测器、专用键盘

作为维修员身份进入 OIS，点鼠标右键进行"诊断维护"功能，可以对系统的 X 射线机、通讯串口、红外、探测器、专用键盘进行测试，确保设备各部件工作正常。

8. 检查工控机硬盘容量

检查工控机 C 盘和 D 盘剩余容量，若剩余容量不足，与用户沟通后，可将日志文件和早期图像删除一部分，或转移至其他存储设备。

9. 检查导物架

检查导物架与过渡辊链接的钢丝是否已断开，如果断开请连接；检查导物架与设备连接处是否稳定可靠，如已出现变形或无法连接请更换导物架。

10. 检查急停开关

将系统正常上电后，任意按下通道出入口或键盘上的急停按钮，此时系统的 X 射线机和电机应自动切断电源，同时屏幕出现相应提示，在不恢复急停按钮的情况下，X 射线机无法出束，胶带无法运动。

11. 检查安全连锁开关

将设备正常上电后，取下外罩板，使任意一个安全连锁开关断开，此时系统的 X 射线机和电机应自动切断电源，在不恢复安全连锁开关的情况下，X 射线机无法出束，胶带无法运转。

12. 检查设备连接线的松紧度和外皮是否有破损

将外罩板打开，按照电器图纸的外部连接图依次将各连接线重新插紧，并检查设备框架内各连线是否有破损，如有破损，应更换连接线。

13. 检查工控机

戴上防静电腕带，打开工控机机箱后清理工控机内灰尘，将主板上的所有板卡取出用橡皮擦拭金手指，以去除氧化层。检查工控机内散热风扇是否正常运行，如果转动不匀速或有异响，应更换。

14. 检查设备散热风扇

检查设备散热风扇，风扇长期运行，可能损坏，观察匀速转动，若转动不匀速，需进行更换；带防尘网的风扇，防尘网会吸附灰尘，需清理灰尘或更换防尘网。

15. 检查接地是否有变化

检查设备现场电源是否有接地。

第六节　常用 X 射线机介绍

X 射线机广泛应用于医疗卫生、科学教育、安全检查、工业各个领域，例如 X 射线机可用于医院协助医生诊断疾病、工业的无损探伤、火车站和机场的安全检查等等。

一、便携式 X 射线机

便携式 X 射线机主要分为一体机和分体机两类；一体机机长通常在 50~70 cm，机器设有手提设计，工作时置于平面上，机器两端分别为发射与接受 X 射线，经过处理后由机器一端自带的影像增强器观测。对于部分高档数字便携式 X 射线机，通常可以进行 AV 视频输出或 USB 输出连接电脑处理或连接打印机打印。此类一体机不使用时可使用专用手提箱存放携带。另一类分体机多用于工业检测行业（工业检测 X 射线机），将机器置于水平面左右两端或专用工作台上下，对其中产品进行检测，体积相对于一体机要略大些。

二、医用 X 射线机

医用 X 射线机按使用目的可分为诊断 X 射线机和治疗 X 射线机两大类。

诊断 X 射线机按结构分为携带式 X 射线机、移动式 X 射线机、固定式 X 射线机。按输出功率可分为小型 X 射线机：管电流 50 mA 以下，最高管电压为 90 kV；中型 X 射线机：管电流 100~400 mA，最高管电压为 100 kV 或 125 kV；大型 X 射线机：管电流 500 mA 以上，最高管电压 125 kV 或 150 kV。按使用范围可分为综合性 X 射线机、专用 X 射线机。

治疗X射线机主要包括：接触治疗机，治疗皮肤表面或体腔浅层的病患，10~60 kV；表层治疗机，较大面积的皮肤或浅层病患的治疗，60~140 kV；深部治疗机，组织深部病患的治疗，180~250 kV。

医用便携式X射线机也叫做医用手提式X射线机或医用X光透视仪。此类X射线机适用于医用，主要用于诊所、乡镇卫生院、运动员训练部门及学校医务室等部门。由于其成本低、X射线剂量低（安全度高）、操作简单、体积小、大多可连接电脑进行处理打印等，满足了不足以容纳大型X射线机设备的医疗机构的设备空白，近年来受到了众多医疗行业及工作者的青睐。

三、工业检测X射线机

用于工业部门的工业检测X射线机，通常为工业无损检测X射线机（无损耗检测），此类便携式X射线机可以检测各类工业元器件、电子元件、电路内部。例如插座插头橡胶内部线路连接，二极管内部焊接等的检测。BJI-XZ、BJI-UC等工业检测X射线机是可连接电脑进行图像处理的X射线机，此类工业检测便携式X射线机为工厂家电维修领域提供了出色的解决方案。随着电子产品的轻薄化发展，环保材料的导入，消费者对产品品质要求的提高，在电子制造、IC封装、锂电池、二极管、三极管等相关行业纷纷引入X射线机无损探伤仪，这为X射线无损探伤技术的发展提供了机遇（电子工业用X射线机无损探伤仪，X-RAY）。

四、皮带检测X射线机

皮带检测X射线机属于专用型X射线机，也叫做皮带检测仪，是专门应用于矿山煤矿等行业的传输皮带安全透视检测。机器可固定在皮带面的两端，对皮带内部钢丝等进行透视检测，属于高频、低剂量、高清晰X射线检测仪。机器设有手提设计，工作时置于平台上，机器两端分别为发射与接受X射线，经过处理后由机器一端自带的影像增强器观测。数字型皮带检测仪通常可以进行AV视频输出或USB输出连接电脑处理观测或连接打印机打印。

第七节　便携X射线成像仪（闪光X射线成像）介绍

一、原理

便携X射线成像仪（闪光X射线成像）和一般工业、医疗用的恒电位X射线机不同，闪光X射线机可以做得轻得多、小得多，就好比照相机闪光灯可以比一般摄影灯具轻得多、小得多，便于携带。闪光X射线机瞬间亮度很高，但持续时间很短（千万分之一秒），在同样图像质量（信噪比）下，检测时的辐射剂量比恒电位X射线机低得多，辐射安全性好。但是采用闪光 X 射线，要求图像探测器和计算机硬软件能够获取持续时间很短的闪光 X 射线的图像。

恒电位 X 射线机常用 X 射线管的工作电流来表示其辐射强度。闪光 X 射线机的辐射强度用每个脉冲的照射量来表示。例如 XR200 是每个脉冲 3 mR，闪光 X 射线机每个脉冲的辐射强度越大，发射单个脉冲获得的图像信噪比越高。

本文介绍的是和为永泰科技有限公司便携式 X 射线成像仪。

二、原理框图

图 3.7.1 是原理框图。

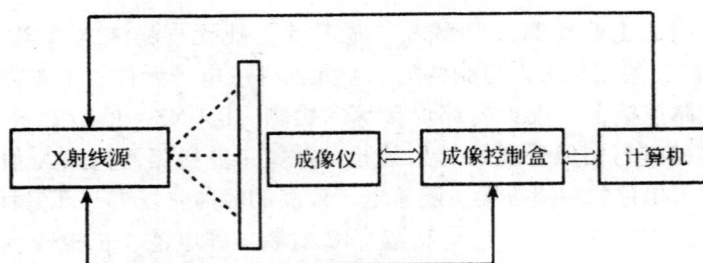

图 3.7.1　原理框图

三、X 射线源 XR200 中文物理描述

图 3.7.2 是 X 射线源 XR200 正面，图 3.7.3 是 X 射线源 XR200 底部，图 3.7.4 是 X 射线源 XR200 前部。

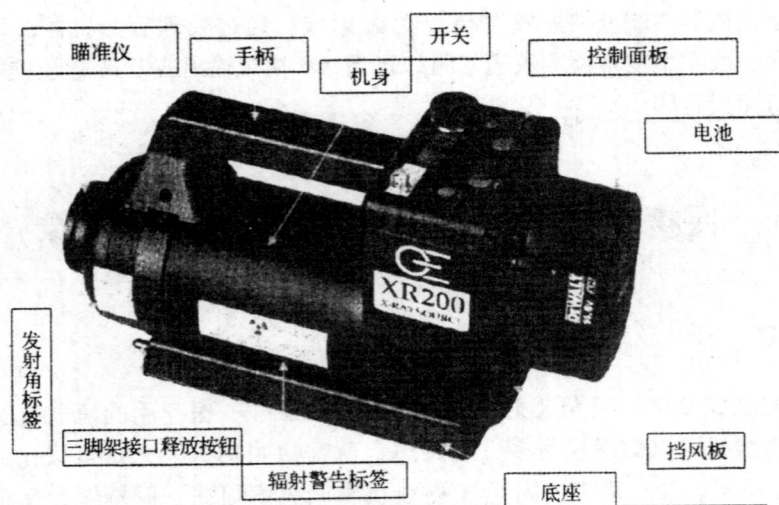

图 3.7.2　X 射线源 XR200 正面

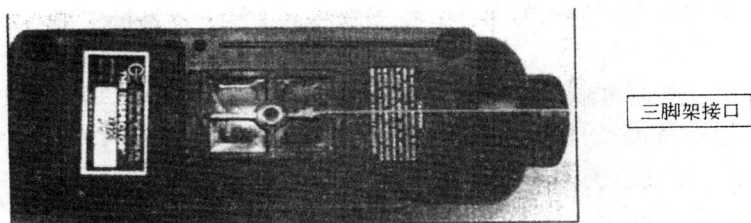

三脚架接口

图 3.7.3 X 射线源 XR200 底部

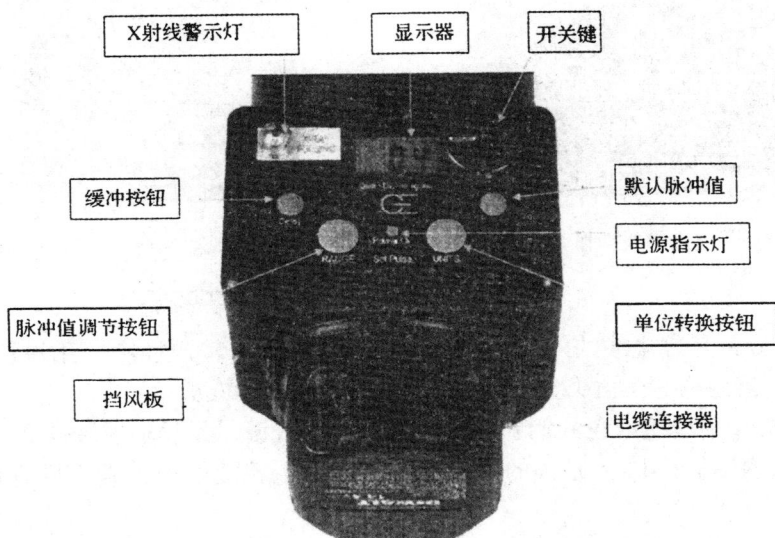

X射线警示灯　　　　显示器　　　开关键

缓冲按钮　　　　　　　　　　　　默认脉冲值

电源指示灯

脉冲值调节按钮　　　　　　　　　单位转换按钮

挡风板　　　　　　　　　　　　　电缆连接器

图 3.7.4 X 射线源 XR200 前部

四、现场操作指南

要求特别轻巧、使用又不很频繁的用户，可以选择 XR150。XR150 单个脉冲辐射强度小，但可通过增加发射脉冲数来提高信噪比。着重检测厚重物体而不是轻薄物体的用户，可选择辐射强度大穿透力又高的 XRS-3。除 X 射线照射量外，整个成像系统的信噪比，还与 X 射线探测器灵敏度和电子学系统噪声有关。低噪声、高灵敏度的成像系统，在较小 X 射线照射量时就可获得信噪比较好的图像。

（一）被检物处操作

（1）开探测器箱电源 POWER 键，探测器箱前面的指示灯闪亮。见图 3.7.5。

（2）将探测器箱放置到被检物后方，探测窗紧贴物体。见图 3.7.6。

（3）将 X 光机放置到被检物前方，距离探测窗半米，X 光机中轴对准探测窗中心十字线。

（4）用 X 光机控制电缆连接 X 光机和图像探测器［白色的传输线带黑色皮套端插头连接到探测器的第四个插头上（XRAY-CONTROL），另一头连接到 X 射线发生器 XR200 的五芯控制脚上，有红点的位置朝上］。见图 3.7.7。

图 3.7.5　被检物处操作（一）

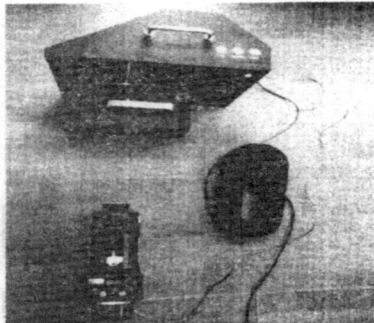

图 3.7.6　被检物处操作（二）

（5）将 50 m 传输电缆的外插头插入探测器箱的信号输出插座（用黑色 50 m 传输线连接到探测器的第三个插头上，为四芯插头）。见图 3.7.8。

（6）旋扭 X 射线机红色的钥匙开关即可打开射线源，预设辐射脉冲数（预置为 10 到 99）。确认探测器箱和 X 光机的电源保持开通后，释放电缆，直到后方计算机。见图 3.7.9。

图 3.7.7　被检物处操作（三）

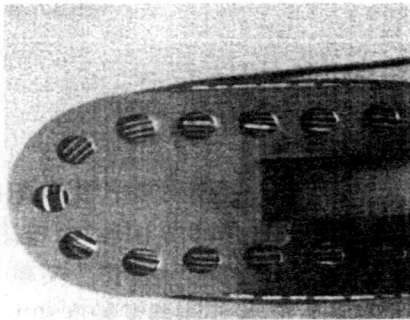

图 3.7.8　被检物处操作（四）

图 3.7.9　被检物处操作（五）

（二）总体的连线图

设备后端接线图，见图 3.7.10。

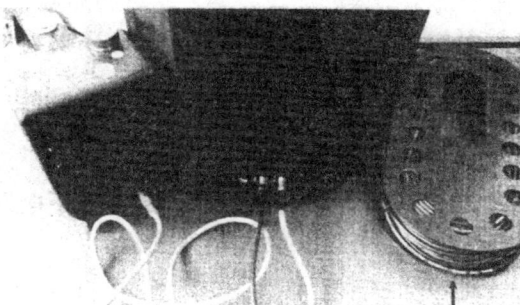

图 3.7.10　设备后端接线图

50 m 的传输线另一端接在控制盒端口上，见图 3.7.11。

（三）计算机操作

（1）确定控制盒的 USB 线连接到电脑的 USB-IM-AGE 接口（切记：电脑开启前保证 USB 已经插在 USB-IMAGE 口上），点击桌面上的快捷键图标，进入成像仪界面。进入成像仪程序后，不得再松动或拔插 USB 插头，否则会使 USB 连接失效，需退出成像仪程序再重启。图 3.7.12 是快捷键图标。

（2）计算机方面的准备工作完成，等待前方人员完成前方操作。前方人员安置好图像探测器和 X 光机，将传输电缆铺到计算机，打开

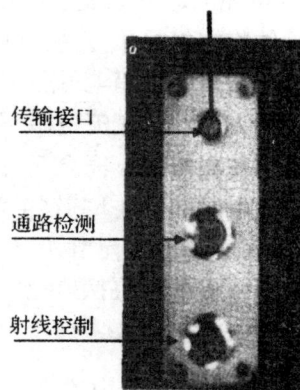

传输接口

通路检测

射线控制

图 3.7.11　传输线连接端口

图 3.7.12 和为永泰科技有限公司成像仪程序快捷键图像

软件，按开始键，之后按下"F3"快捷键。将控制盒上的绿色的按键按下，在软件图像显示区有光亮可以被看到，说明线路连接正常（此方法仅仅是为了检测线路是否连通，一般情况下可以不使用）。

（3）点击软件左侧的"清屏"回到以蓝色为背景的主页面下，点击"开始"—"采集"，按下控制盒上的红色按钮，遥控发射 X 光，即可在软件图像显示区采集到所需的图像（如照射量不合适，再次追加射线量即可）。

（4）计算机处理并显示出所测图像。

五、成像仪的使用

（一）入射窗

X 射线入射窗有 305 mm×254 mm 和 300 mm×400 mm 两种，十字形符号为入射窗中心。中心线上端的箭头用于指示物体的成像方向。获取的图像上也有一个深色箭头，它始终与中心线上端的箭头对应，便于识别物体的方向。入射窗内装有 X 射线荧光屏，使用中应避免撞击和重压入射窗。

（二）探测器机箱

由 12 V 锂电池供电。电源开关在探测器机箱顶部。按下电源开关，前面板的指示灯闪亮，探测器即处于工作状态，可以获取 X 射线图像。

（三）充电

给探测器电池充电时关掉电源开关可加快充电速度，但也可边充电边使用。电池: 2 Ah 的可充电锂电池装于探测器机箱后面板的电池盒内，充满电可累计使用6 h；通常检测一件物体仅需几分钟，电池的充电插座（Recharge）在电池盒旁的小面板上。充电时先关闭探测器机箱电源，将充电器的电缆插头插入充电插座（Recharge），充电器电源插头插入 220 V 交流电源。充电器上的指示灯闪烁，即开始进行充电。接近充电完毕时指示灯长亮短灭。完全充电完毕时充电器上的指示灯长亮。新电池应充电 12 h 以上，以后的充电时间约 4 h。锂电池可在未放电完时充电。建议用户常检查电池电压，电压低于 10.5 V 就进行充电，以备应急使用。如果电池充电后使用不久电压就明显降低，需打开电池盒盖，更换电池。充电插座内部有 2 A 的保险丝（Fuse）是保护电池的。

注意：使用时要习惯于用毕即关电源，避免电池能量不必要的消耗。

（四）传输信号电缆（50 m）

信号电缆绕在跑道式绕线盘上。使用时先将绕线盘最外层的 5 芯电缆插头插入探测器箱背面的第三个 5 芯插座，再放出绕线盘电缆直到计算机一方，将绕线盘小盒内的另

一个 5 芯电缆插头插入图像获取盒的
插头。收电缆时从计算机图像获取盒
上取下电缆插头，将其收入绕线盘小
盒内，然后收绕电缆。

插电缆插头时要捏住电缆插头后
端（不捏住滑套），对准插座试着边
旋转边插入，旋转到合适位置才能插
入，滑套随即前滑锁住插头。拔电缆
插头时要捏住电缆插头的滑套向外拔，
不得捏住电缆插头后端或电缆用力拔，

图 3.7.13　电缆插口

不向后移动电缆插头滑套是拔不出电缆插头的。见图 3.7.13。

（五）控制电缆（2 m）

X 射线源控制电缆，长约 2 m。将 4 芯航空插头按红点对准插入 X 射线机上的遥控
输入插座，另一端的 4 芯插头插入探测器箱背面的第四个插孔，X 射线机就可以被控制
盒控制了。见图 3.7.14。

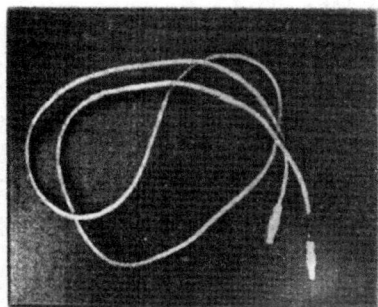

图 3.7.14　X 射线源控制电缆

六、X 射线源

XR 系列 X 射线机的泄漏辐射经过公安部测试
中心测定，达到美国给出的技术指标。每台 XR 系
列 X 射线机又都附有美国实测的照射剂量分布图
（随同本手册提供用户，请用户核对美国实测报告
上的 X 射线机产品序列号）。实际泄漏辐射全低于
技术指标允许值，使用十分安全。但使用人员要遵
循下列安全规则：

采用延迟发射或近距离手控发射时，操作人员应处于 X 射线机后方 3 m 外。在发
射 X 射线时，在射线正前方 30 m 内和两侧 11 m 内，要疏散人员。由于 XR 型 X 射线机
是脉冲工作的，每个小脉冲的宽度不到一千万分之一秒，其剂量不能用由 GM 管或闪烁
体做探测器的剂量仪测量，要用热释光剂量仪和积分式电离室剂量仪测量。

本 X 射线机为工业用品，不能用于医疗和对人体进行照射。由于 X 射线机内有高
压放电，不要在有易爆气体和贴近裸露炸药的环境使用。

（1）XR 型 X 射线机的使用。

探测器窗应放在贴近被测物的位置，X 射线机应放置在距探测器窗 50 cm 左右的位
置。如果被检测物体比较轻薄，透过的 X 射线太强而使图像亮度饱和，可以增大 X 射
线机到探测器窗的距离，使图像亮度不饱和。

XR 系列射线源前半部分是 4 in 的铝制圆筒，见图 3.7.2，其中有高压发生器和 X

射线管。圆筒两侧有辐射警示标志，前方有射线张角标志。机座底部有生产厂和产号标签，机座底部有三脚架安装螺孔。后半部分是控制组件和电池盒。控制组件上有带钥匙的电源开关，接通电源时指示灯亮。通过发射脉冲设置按钮，可以设置检测所需的脉冲数1~99，由液晶数码显示窗显示。

（2）设置步骤如下，见图3.7.15。

①根据如图所示前四个步骤设置脉冲值。显示器上显示的数字不停闪烁，表示可以设置脉冲值。

②新脉冲值设置后，参考步骤5同时按下单位转换按钮和蓝色按钮1.5 s。

③显示器的两位数字闪烁表示已更改脉冲默认值设置。

④通过关闭XR200电源然后打开电源来核实新脉冲默认值设置，同时观察显示器。打开设备电源后，显示新设置的脉冲值。

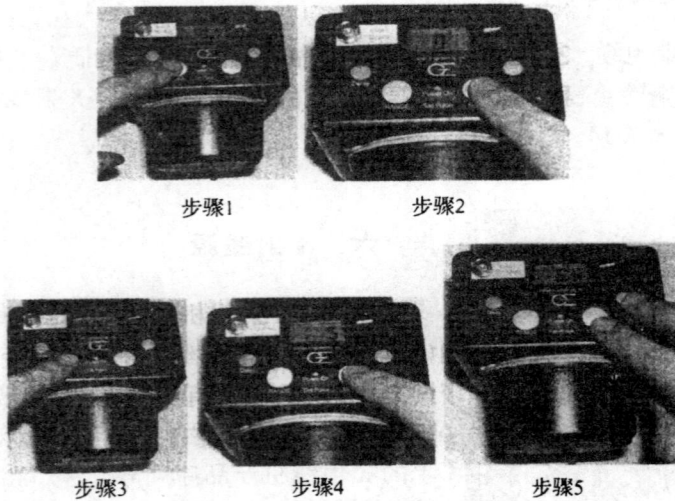

步骤1　　　　步骤2

步骤3　　　步骤4　　　步骤5

图3.7.15　脉冲值设置步骤

注意：脉冲值越大，穿透力越强！请根据不同的检测物体选择脉冲数。

脉冲设置参考值见表3-7-1。

表3-7-1　脉冲设置参考值

检测材料	脉冲设置值
木材容器	5~6
塑料容器	4~6
轻金属容器	10
钢管	50

七、和为永泰 Xshow 成像软件使用说明

(一) 简介

Xshow Soft 是和为永泰科技有限公司便携式 X 射线成像仪 2010 版软件，功能丰富，并有中文界面和可视化、易操作等特点。它可以在 Windows2000/XP/Vista/7 系统上运行。使用本软件用户需注意以下事项：

(1) 本系统用于应急安检，为了避免受网络病毒袭击而耽误重要的安检任务，运行本软件以前最好断开网络连接。所测图像如需要通过网络传输，可在关闭软件后进行。

(2) 计算机的屏幕分辨率需设置为 1280×800，颜色质量设置为 32 位。屏幕底部的工具栏属性设置为"自动隐藏任务栏"，否则影响图像质量和大小。

(3) 电源使用方案选择"一直开着"，否则待机后会不能识别 USB 图像卡。不能识别 USB 图像卡时要退出本系统程序，拔出并重新插接图像获取盒到计算机的 USB 插头，然后重新进入本系统程序。

(4) 为了能在现场快速启动计算机，可在计算机电源选项中采用"启动休眠"。

(二) 使用方法

(1) 启动笔记本电脑以前，首先确保图像获取盒的 USB 插头插入计算机，并且与 X 射线检测箱之间的连线正确，电脑启动后，点击桌面 Xshow 软件快捷方式，即可进入本便携式成像系统主程序，快捷方式图标为 ，主程序界面如图 3.7.16。

(2) 点击［帮助］→［注册本软件］，确保本软件是否注册，如果注册对话框中注册号提示"注册成功"，则供应商已经注册，否则根据弹出的注册对话框中"注册方法"提示，进行注册（购买后提供序列号可查看安装目录 user-sn. txt 文件）。注册完毕，点击［确定］退出。

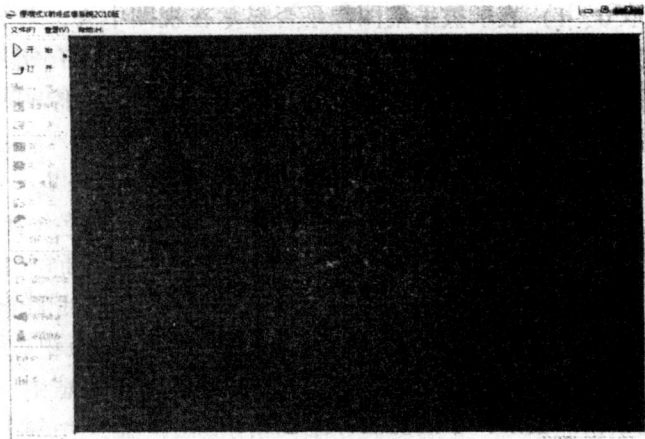

图 3.7.16 Xshow Soft 便携式成像系统主程序界面

(3) 进入主界面以后，左边工具栏中［开始］和［打开］按钮处于激活状态，其余按钮则处于灰色状态。任意点击这两个按钮都可进入视图界面开始下一步的操作。点击［打开］按钮可以打开 bmp 格式图像文件，点击［开始］按钮采集图像。

（4）进入视图界面以后，主框架会出现［文件］、［灰度变换］、［几何变换］、［图像处理］、［图像采集］、［图像控制］以及［帮助］菜单，这些菜单主要实现 X 射线图像采集、处理等操作。左边工具栏上所有按钮变为激活状态。

（5）［文件］菜单栏下有［新建］、［打开］、［关闭］、［保存］、［另存为］、［打印］、［退出］等。

（6）［灰度变换］菜单栏下有［灰度化］、［颜色映射］、［反显］、［二值化］、［线性/对数/指数拉伸］、［直方图绘制/均衡按钮］，这些按钮实现图像灰度变换。

（7）［几何变换］菜单栏下有［平移］、［旋转］、［缩放］、［镜像］、［转置］按钮；［图像处理］菜单下有［频域］、［分割］、［滤波］、［锐化］等菜单。

（8）［图像采集］菜单下有［单帧采集］和［视频采集］两个按钮。

（9）［图像控制］菜单下有［视频源］、［视频压缩］和［视频属性］按钮，这些按钮用来设置视频属性。

（10）［帮助］菜单下有［帮助］、［关于本软件］和［配置按钮］，其中［帮助］按钮可以查看关于本软件的帮助文档，［配置］按钮配置一些关键信息。具体使用方法下面再详述。左边工具栏按钮是实现菜单栏按钮的快捷方法。

（11）配置软件基本信息：点击［帮助］菜单下［配置］按钮，弹出配置对话框，确认设备名称为：Ok Image Capture Device 0；否则更改驱动号（从 1 到 9，一般是 0 或 1），点击［写入配置］，然后［确定］生效后，再打开配置对话框，确认设备名称为：Ok Image Capture Device 0；操作地点和操作人员编辑栏分别填入执行安检操作的地点和人员信息，操作备注编辑框填入备注信息。阈值为图像像素期望像素值，范围在［0，255］，只有 X 射线图像达到一定的亮度，才能采集到单帧图像，一般设为 20，宽度和高度分别表示被采集图像的宽度和高度，帧率为被采集视频帧率，不可更改，位置（只取 0、1）表示被采集图像是否显示在视图中央，若为 0 则图像显示在视图左上角，若为 1 则图像显示在视图中间。路径表示临时图像存储路径，点击右边按钮可以更改。颜色映射方案用来选取灰度图像映射为伪彩色图像的颜色映射方案。设置好后点击［写入配置］按钮，然后点击［确认］按钮退出。

（12）确认软件处于开始状态：点击［图像采集］→［视频采集］（或 F3 快捷键），出现黑色视频捕获窗口，按图像获取盒上绿色 CHECK 按钮，查看视频捕获窗是否出现光亮，若是软硬件正常，否则检查硬件连接是否出现问题。

（13）获取单帧图像：采集图像前要落实 X 射线源的摆放是否合适，X 射线源的中轴线要尽量对准探测器窗的十字线中心；X 射线源靶点到探测器的距离大约为 70 cm。立式采集时探测器箱正放，X 射线源的支架仰角用高档，适于探测较高物体。横式采集时探测箱应横放，X 射线源支架仰角用低档，适于拍摄横扁物体。并在确认硬件设备连接无误后，点击［采集］按钮（或 F2 快捷键），出现黑色视频捕获窗口，然后按图像获取盒上红色 X-RAY ON 按钮（有线模式），或遥控器上第三个按钮（若有无线模式），开启射线源，最后 X 射线探测箱将采集到的 X 射线图像显示在视频捕获窗口。

（14）点击［保存单帧］按钮或［文件］→［另存为］/［保存］按钮，保存图像。

（15）点击菜单栏上［灰度变换］、［几何变换］、［图像处理］等菜单按钮或左边工具栏按钮，对被采集到的图像做进一步的处理。以下逐一介绍各种处理功能：

①灰度变换

灰度化：把24位彩色格式位图图像转换为8位灰度格式位图图像（以下均为位图bmp格式）。

颜色映射：把8位灰度位图图像转换为24位彩色格式位图图像，实现伪彩映射。

反显：把8位灰度图像各像素黑白颠倒显示。

二值化：把8位灰度图像各像素按照某个设定阈值，使之灰度处于两个数值上。

线性/对数/指数拉伸：实现图像像素灰度按照特定关系调整。

直方图绘制：绘制8位灰度图像直方图。

直方图均衡：根据直方图实现各像素灰度调整。

②几何变换

平移：实现图像位置平移。

转置：实现图像转置。

镜像（水平/垂直）：分别实现图像水平方向和垂直方向镜像变换。

缩放：调整图像尺寸，执行频域查看图像频谱以前执行此操作，确保图像宽高为2的幂次方。

旋转（顺时针/逆时针旋转90°/旋转180°/任意角度）：实现图像旋转功能，实际操作时由于被检物品方向与显示图像方向不一致，可以执行此操作。

③图像处理

频域：查看8位灰度图像频谱，执行前需执行缩放操作，以调整图像宽高为2的幂次方，并且宽高必须相同。

阈值分割：根据设定阈值，提取图像特定目标。

提取边缘：提取图像边缘特征，提供了三种算子，实现边缘提取。

平滑滤波：对图像做平滑处理，可有效消除图像噪声。

锐化：对图像做锐化处理，可有效校正模糊图像。

④图像采集

单帧采集（或F2快捷键）：采集单帧图像。

视频采集（或F3快捷键）：点击此按钮后，并按下图像获取盒上CHECK黑色按钮，查看捕获窗口是否有类似"月光"图像，若有则说明检查设备处于待续状态，平时可用于图像探测器和计算机完好状态的检查（不用X射线源就可进行）。

⑤图像控制

视频源：点击［视频采集］后，再点击此按钮，查看设置图像采集卡驱动参数。

视频压缩：点击［视频采集］后，再点击此按钮，查看设置视频压缩信息。

视频属性：点击［视频采集］后，再点击此按钮，查看设置图像或视频分辨率和像素深度等信息。

⑥帮助

帮助：点击此按钮，查看本软件帮助文档。

关于本软件：查看本软件版本信息。

配置：设置软件其他关键信息，前文已有详细介绍。

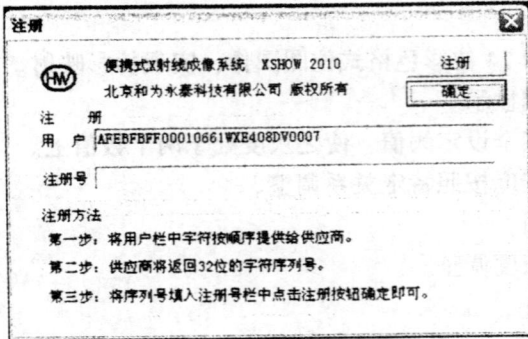

图 3.7.17　Xshow Soft 软件注册

（三）软件版权

Xshow Soft 版权由北京和为永泰科技有限公司所有。任何盗用和随意拷贝本软件者将会被追究责任。使用本软件必须注册，见图 3.7.17。

通过菜单［帮助］→［注册本软件］即可进入注册界面，如图 3.7.17所示。购买用户可在安装目录中 user-sn. txt 文件中获取 32 位注册号，也可致电北京和为永泰科技有限公司咨询或发电子邮件。

附录　技术指标

一、软件指标

（1）检查仪可获得不明包裹的 X 射线透视图像。

（2）有［灰度化］、［颜色映射］、［图像反显］、［二值化］、［线性/对数/指数拉伸］、［直方图绘制/均衡按钮］；有［平移］、［旋转］、［缩放］、［镜像］、［转置］等功能；有［频域］、［分割］、［滤波］、［锐化］；有［单帧采集］和［视频采集］、［伪彩色］等图像处理功能。

（3）有［新建］、［打开］、［关闭］、［保存］、［打印］图像存档检索等管理功能。

（4）图像存储能力大于 10000 幅，并能够用网络或 USB 等接口将数据传出。

（5）提供有线和无线（选配）两种传输方式。

（6）有检测脏弹功能（选配）。

二、成像质量

（1）线分辨力：分辨美制电线标准 AWG40（0.079 mm）金属丝；

（2）空间分辨力：4 lp/mm；

（3）穿透力：22 mm 钢板。

三、硬件指标

（1）包装行李箱尺寸。小：450 mm×360 mm×180 mm；大：560 mm×440 mm×260 mm。

（2）X射线源。

工作方式：脉冲，每充满一次电可以发射4000个脉冲；

最佳检测距离：0.7 m；

X射线能量：有150 keV（XR200）和270 keV（XRS-3）两种；

X射线源重量：5.5 kg（含电池）；

距离X射线管组装体表面5 cm和1 m处，其X射线泄漏射线剂量率应分别不超过200 μGy/h和20 μGy/h。

（3）成像仪。

成像仪尺寸：375 mm×315 mm×150 mm；

成像窗：305 mm×254 mm和300 mm×400 mm；

重量：5.6 kg（含电池）；

电池：12 V锂氢电池，独立工作，供电时间3 h；

笔记本电脑：Lenovo E43A；

X射线探测系统：日本原装超高灵敏X射线探测系统，795×596像素。

能够在环境温度范围在0℃～+40℃，相对湿度范围在10%～90%（不结露）的条件下正常工作。

【思考与练习】

1. X射线对物质的作用有哪些种类？

2. 简述X射线设备检测的物质图像颜色类别及其对应的可能物质种类。

3. 简述X射线设备的工作原理。

4. 简述FISCAN CX100100TI型和CMEX-V6550B X射线设备的主要构件及功能。

5. 简述FISCAN CX100100TI型和CMEX-V6550B X射线设备各功能键的功能及使用。

6. 简述史密斯·海曼HiTrax系列X射线机各功能键的功能及使用。

7. 阐述X射线设备的安全操作注意事项。

8. 简述X射线设备的保养事项。

9. X射线设备开关机程序及各功能键操作实操。

10. 使用X射线设备进行箱包检查。

第四章 痕量爆炸物安全检查设备

痕量爆炸物安全检查设备是一种通过采集空气中或者被检测物体表面的细微颗粒或痕量蒸汽以探测爆炸物并分析、鉴别其种类的检查设备。

该设备主要应用于：搜查非法毒品，检查旅客、行李和包裹，看是否携带和藏匿各种不同的爆炸物，对爆炸现场进行法医分析，探测地下未爆炸的军火。

本章主要以民航机场使用较多的 IONSCAN 400B 设备为例进行介绍。

如图 4.1 所示，IONSCAN 400B 由检测仪和一个取样布取样器组成，包含 IMS 检测器、解吸器、彩色显示屏、气流控制系统、指示灯以及控制和监测电子系统。它还包含主电源、两个气泵和空气净化系统。该仪器可分析用取样布收集的样品，或用直流远程取样器吸附在取样滤纸上的样品。

IONSCAN 400B 是一种用来检测爆炸物和毒品的可靠的、高度灵敏的分析仪器。

图 4.1　IONSCAN 400B 台式炸药/毒品分析仪

第一节　基本原理

一、检测仪

IONSCAN 检测仪基于一种被称为"离子迁移光谱"（IMS）的技术。IONSCAN 是一种强大的分析工具，可检测和准确识别各种不同的化学物质的痕量残留物，并且已为检测非法药物和爆炸物做了优化设计。

IONSCAN 的核心为 IMS 检测仪，如图 4.1.1 所示。通过"离子迁移光谱"技术识别很多物质之所以成为可能，是基于以下一些基本原理：

很多化学物质会散发出蒸汽或颗粒，这些蒸汽或颗粒会被它们与之接触的材料（衣服、行李、皮肤、容器、纸张等等）表面吸附或粘附。这些痕量物质可通过真空吸附的方式或通过擦拭表面的方式收集起来。这些化学物质即使是数量极少的残留物也可通过加热的办法从其颗粒上解吸下来（将它们变成蒸汽）。气化后的物质可被离子化（转化成带电的分子）。当这些离子被允许在一个受控的电场中"漂移"时，它们以不同的速度运动，其速度大小取决于它

图 4.1.1 IONSCAN IMS 检测仪

们的分子大小和结构。每种离子都有一个特征漂移速度（即离子淌度），这一速度就像指纹一样，可用来识别产生每种离子的原始物质。

二、离子迁移光谱（IMS）的原理

图 4.1.2 所示为一个基本的"离子迁移光谱"（IMS）检测仪。要分析的样品被加热，使所收集的化学物质气化；然后，气化后的化学物质由一个干净的干燥空气流作为载体，带入一个反应区。反应区有一个弱的放射性离子化源，即一个镍 63（63Ni）β-射线发射器。β-粒子与样品流中的气体颗粒碰撞，会形成正离子和负离子。爆炸物形成负离子，多数毒品如海洛因和可卡因形成正离子。

沿 IMS 的整个长度施加有一个电场。这一电场的极性可为正，也可为负，取决于被检测物质的类型。正确极性的离子被允许通过一个控制栅的开口从反应区向漂移区运动。

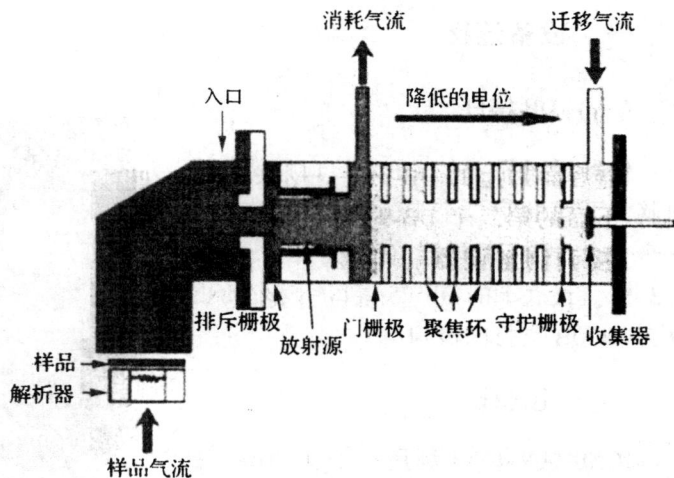

图 4.1.2 基本离子迁移光谱仪

　　不同的离子以不同的但却是特有的速度进行漂移，并在特定的漂移时间内到达收集器的电极。这样，具有不同质量的三种离子（X、Y 和 Z）将产生如图 4.1.3 所示的漂移图谱，或称波形图（也叫等离子图），在该图上，X 离子最先到达，漂移时间最短，质量最小。

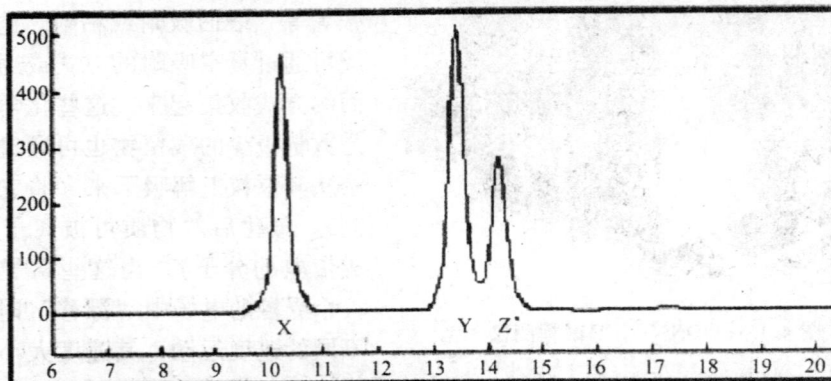

图 4.1.3　IMS 检测仪的输出结果作为漂移时间函数的波形图

第二节　操作流程

一、设备连接

（一）DB 接口

　　仪器后面靠上的 DB-9 接口用来连接电脑，下面的第二个 DB-9 接口用来连接一个外接调制解调器（可选）　（见图 4.2.1）。最底下的 DB-25 接口用来将 ION-SCAN 400B 与打印机相连。

（二）电源线

　　IONSCAN 400B 利用一根普通电源线来与一个接地的交流电源插座相连。具有正确插头的电源线可由史密斯检测提供，或在当地购买。

图 4.2.1　IONSCAN 400B 的后面

二、开机

在操作前，检查仪器后面的空气净化系统。新的干燥剂是蓝色的，用尽的干燥剂是粉色的。如果粉色（上面）与蓝色（下面）试剂之间的分界线达到接近黑色木炭区之上 1 cm 时，干燥剂瓶需要更换后仪器才能再工作。

用仪器后面的电源开关来开机。打开电源后，仪器将进行一系列自检（前部面板的所有指示灯将变亮，警报声音将短暂响起），之后，屏幕上将显示黄色"待机"（STANDBY）字样，"待机"（STANDBY）指示灯将开始闪烁。在 LCD 显示屏最上面一行将显示当前模式（检爆模式或检毒模式，相应的英文界面为 EXPLOSIVES 或 NARCOTICS）。如果自动烘焙功能被启动，英文字母"B"将显示在 LCD 右上角。

按 READY/STANDBY 键一次，绿色 READY 指示灯将闪烁。屏幕将保持黄色，直到所有参数达到其设定值，且校准物已经找到，这时颜色将变成绿色。在 READY 指示灯停止闪烁、屏幕变绿之前，不能进行分析。当"准备就绪"（READY）时，仪器会短暂发出"嘟"声。如果在操作过程中任何时候该指示灯开始闪烁，请参阅以下章节了解如何处理。

三、确认

在分析样品之前，应根据屏幕提示（见图 4.2.2），对仪器进行确认（校验）。

在此之前，必须分析一个干净的取样滤纸或取样布，方法是将取样滤纸或取样布放到样品滑片上，将滑片推向右边（对取样布，盖子必须盖住；但对取样滤纸，盖子则必须保持打开）。在分析过程中，黄色"正在分析"（ANALYZING）指示灯将变亮；如果图 4.2.3 中所示信息出现，按 ENTER 键，重复该过程，直到该信息不再出现。

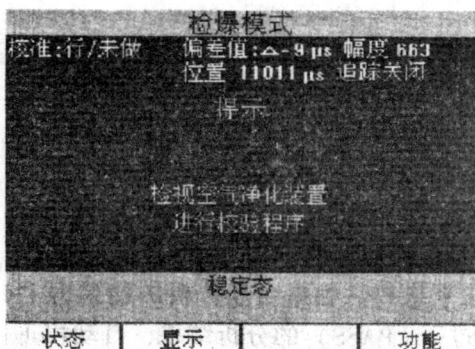

图 4.2.2　确认提示

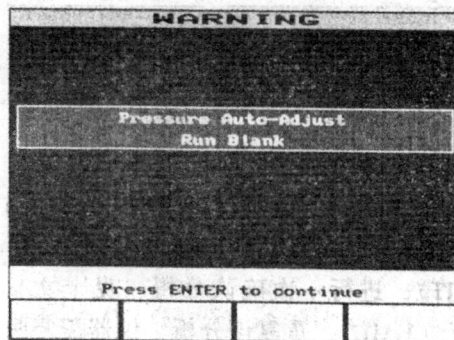

图 4.2.3　压力自动调整警告

用与当前操作模式相对应的正确的确认标准（俗称口红，红色为炸药，蓝色为毒品）的尖部，轻涂一个干净的取样滤纸或取样布，对后者进行分析。如果_VERIFIC出现在 LCD 上的报警列表中，说明系统已经做好样品分析的准备。按"报警复位"（ALARM RESET）按钮继续，如图 4.2.4 所示（图中为检毒模式）。

图 4.2.4　检毒模式下确认成功后的显示

在每个班次的开始，当仪器一进入"准备就绪"状态，就应对其进行确认（校验），以保证它能够正确报警。确认也可在任何时候进行，我们鼓励操作员经常进行确认。

四、自动校正

自动校正（校准）是一个对仪器参数所发生的微小变化进行自动校正的过程。在仪器转入"待机状态"（Standby）或关掉之前，新校正结果始终有效。只有当 LCD 显示屏上的内容为"自动校正：可以/未进行"（ACAL：YES/NAPP）、"自动校正：可以/已进行"（ACAL：YES/DONE）或"自动校正：可以/重做"（ACAL：YES/REDO）时，自动校正才可以进行。如果屏幕显示"自动校正：不可以（ACAL：NO）"，请等待，直到信息改变为"自动校正：可以/未进行"。自动校正选项通过 ENTER 键选择，即在功能菜单（Function）下选择自动校正选项，按 ENTER 键。

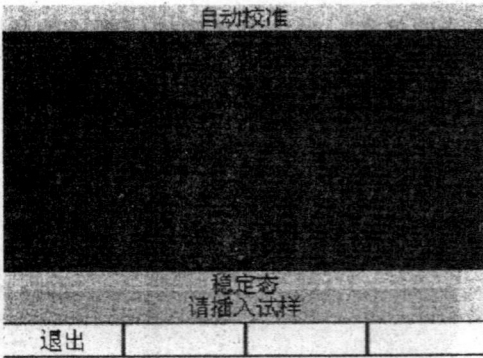

图 4.2.5　自动校正屏幕

分析第一个样品前的自动校正屏幕，用与当前操作模式相对应的正确的确认标准轻涂一干净的取样滤纸或取样布，分析该样品。图 4.2.6 所示信息应出现。重复该分析过程一次，图 4.2.7 所示信息应出现，表明自动校正成功。按"保存退出"（SAVE EXIT），进行一次确认分析（见上文），继续往下进行。如果自动分析的结果为"失败"（FAIL），重复该分析。仪器需要两个"通过"（PASS）的分析结果，自动校正才能成功。

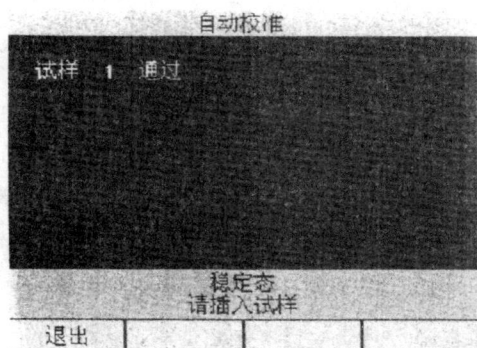

图 4.2.6 分析第一个样品后的自动校正屏幕

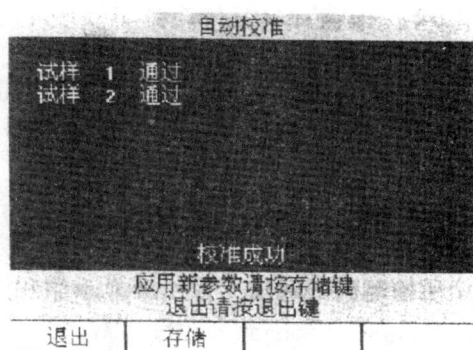

图 4.2.7 校正成功后的自动校正屏幕

五、样品收集与分析

IONSCAN 400B 的分析样品有两种收集方式：一是用取样勺夹着取样布擦拭取样对象表面，二是用选件"直流远程取样器"对取样对象表面进行真空吸附。取样布可在仪器上直接分析（滑片盖子必须盖住）。但对真空取样方式，需要将吸附有样品的取样滤纸从"直流远程取样器"转移到仪器上进行分析（滑片盖子必须打开）。对几乎所有类型的应用来说，取样布都是一种理想的取样介质，对平整的硬表面尤其如此。真空取样也非常有效，更适合对如衣物或织物等软材料进行取样。

检爆和检毒模式的取样滤纸和取样器前端有所不同。在检爆模式中，采用玻璃纤维取样滤纸，取样器前端安有取样刷和取样嘴（套管）。在检毒模式中，采用特氟隆过滤纸和取样梳。两种操作模式的取样布也是不同的，取样布盒子上有明确标识（检爆采用红色标识，检毒采用蓝色标识）。请根据容器上的标识正确选择取样滤纸和取样布。

取样时，操作员应尽量集中在有可能与目标分析物接触的区域。对与手接触的表面（如把手、锁、门把手等）取样效果非常好，这是因为分析物从手上向这些表面转移的可能性最大。要使取样效果最好，一块取样布的取样面积不应超过0.5 m²，用"直流远程取样器"取样的持续时间不应超过 20 s。取样布只要是干净的（不是太脏或没有弄湿），就可反复使用多达 10 次。取样滤纸每次分析都应更换。

分析样品时，将过滤纸或取样布放入样品盘中，将样品滑片推向右边 [黄色"正在分析"（ANALYZING）提示将出现]。分析一完成，立即将滑片推向其在左边的原始位置。如果没有检测到目标分析物，绿色"通过"（PASS）提示将出现，仪器已做好分析下一个样品的准备。如果检测到目标分析物，红色"报警"（ALARM）提示将出现，伴随一个声音报警信号。声音报警只能用"报警复位"（ALARM RESET）键来关掉。一次报警后，必须分析一个干净取样滤纸或取样布，以确保仪器没有被污染，且已做好分析下一个样品的准备。

六、报警结果的解释

图 4.2.8 所示为检毒模式中可卡因报警后的显示内容。

报警后的屏幕显示报警强度用条形图来表示，在该图左侧为报警名称"可卡因"（Cocaine）。

该行下面所列为所检测到的通道。对每个所检测到的通道，显示屏显示累积幅度（CumA）、最大峰值幅度（MaxA）、偏差值（Delta）（与所编程位置的偏差）和检测到该通道的区段的数量（#Seg）。一般来说，MaxA 和 CumA 越高，Delta 越小，区段数越大，说明检测强度越大，检测结果可信度越大。

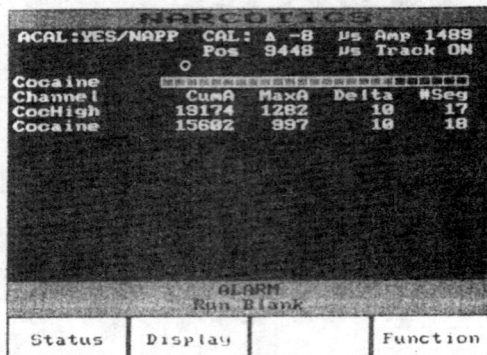

图 4.2.8　报警显示内容

七、功能控制菜单

（一）打印结果

如果一个串口打印机连接到机箱后面接口盒中的 DB-25 接口上，且打印机控制设置为"手动"，那么最后一次分析的结果可通过按 ENTER 键打印出来。打印结果包括日期、时间、分析数量和实际分析结果（如检测到的通道、最高幅度、累积幅度、偏差值、区段数等），如果有分析结果的话。打印结果还可包括用来手写备注或签名的空间。如图 4.2.10。

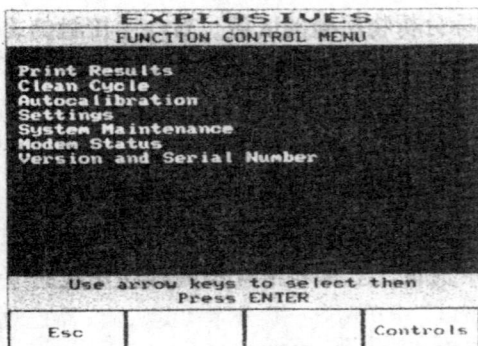

图 4.2.9　功能控制菜单

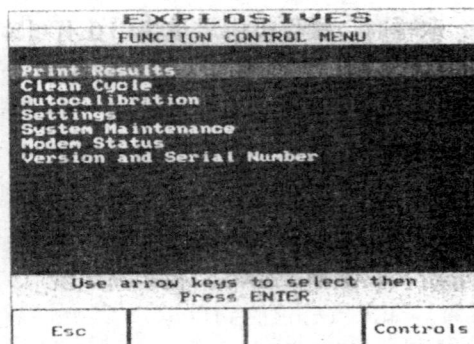

图 4.2.10　打印结果

（二）清洗循环

清洗循环设计用来清除分析一个样品含量过高的试样后留下的难以除去的污染物。在清洗循环中，仪器用干净空气冲刷样品导入系统和入口区域。按ENTER键开始清洗循环。清洗循环完成时如IMS仍不干净，将会出现"IMS仍不干净，再次清洗？"（IMS still not clean, Clean again?）的信息。按ENTER键开始另一清洗循环。当IMS干净时，屏幕回到"功能"菜单。运行空白样品，以确保在分析下一个样品前IONSCAN没有污染。如图4.2.11。

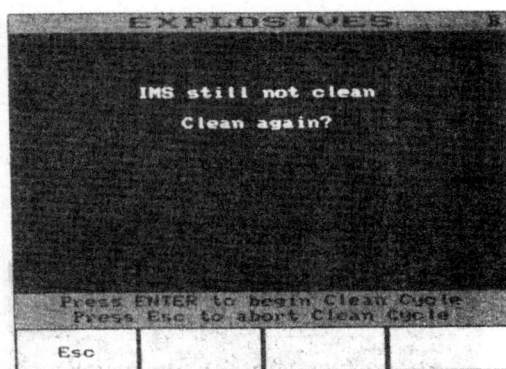
图 4.2.11　清洗循环

八、烘焙

选择烘焙功能（该功能只能在仪器处于"待机状态"时才能选择）将开始检测器的烘焙循环，在该循环中，漂移管和入口温度及待机漂移流将达到烘焙条件下的特殊设定值，并保持所设定的时间，之后自动回到它们在正常"待机状态"下的水平。如图4.2.12。

烘焙的要求取决于所分析样本的数量、频率和干净程度。关于如何进行烘焙，请与史密斯检测代表处联系。烘焙的温度、流速和持续时间数值以及烘焙后的校准物监测参数在由密码保护的"控制参数"菜单中决定。图4.2.13所示屏幕允许对烘焙过程进行监测。

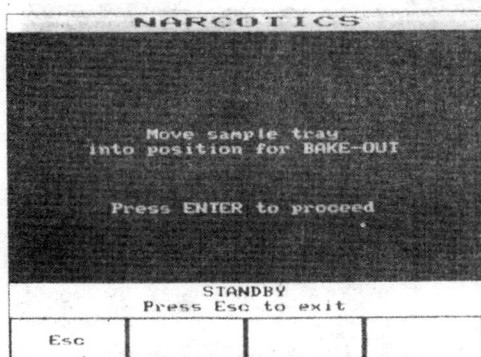
图 4.2.12　选择烘焙之后

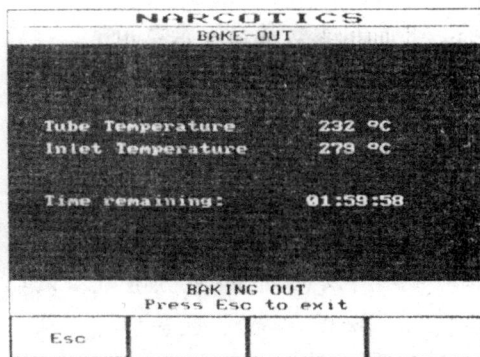
图 4.2.13　烘焙监测

烘焙循环中的剩余时间会在屏幕上显示出来。一旦时钟到零，检测器就开始冷却。在达到正常操作设置值后，仪器开始搜索校准物。一旦找到，它将对其进行监测，直到幅度在所设定的时间内一直保持在监测幅度阈限之上。

LCD将显示当前校准物幅度值和剩余时间。当时间到了时，仪器将切换到"待机状态"。在烘焙过程中，仪器将只接受来自"退出"（Esc）软键的"退出"命令，所有其他输入都被激死。

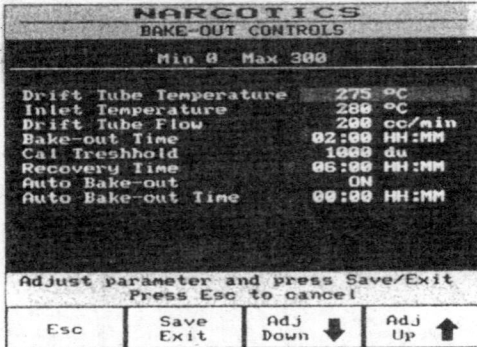

图4.2.14　烘焙控制菜单

九、烘焙控制

在此，用户可为当前操作模式编程烘焙参数，图4.2.14所示菜单将出现。

所有参数可通过上移箭头（Adj Up）和下移箭头（Adj Down）来调整。按"保存退出"（Save Exit）来使所做改动生效；按"退出"（Esc）回到"通道控制"菜单，不做任何改动。

十、清洗循环控制

"清洗循环"是一个由操作员执行的清洗（净化）程序，可在一次大剂量检测和/或污染后进行，以加快仪器的自我清洗过程。这个菜单可让用户设置清洗循环的参数。图4.2.15的菜单将出现。

如果清洗循环是从"功能"菜单调出的，仪器将用在下面"清除控制"菜单中设置的参数进行指定数量的清洗循环。下面的参数编写在本菜单中：

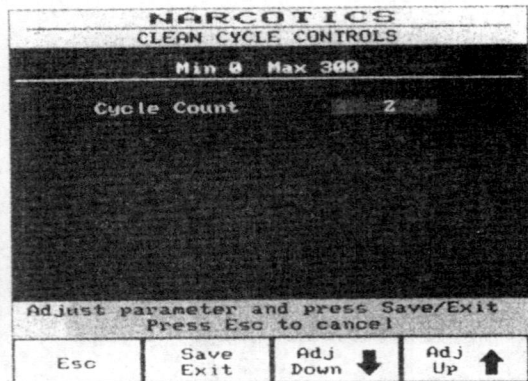

图4.2.15　清洗循环控制菜单

Cycle Count（循环计数）

清洗循环被执行的次数。该参数可通过上移箭头（Adj Up）和下移箭头（Adj Down）来调整。按"保存退出"（Save Exit）来使所做改动生效；按"退出"（Esc）回到"通道控制"菜单，不做任何改动。

十一、改变密码

下面的屏幕（图4.2.16）将出现。
键入一个新密码（多达10位数，从1到4），按 ENTER 键并确认新密码，再按 ENTER 键。

十二、关机

关机时，两次快速按 READY/STANDBY 按钮，使仪器进入"待机状态"（Standby）。必要时，或看到执行自动烘焙程序的指令时，按以下步骤操作：按"功能"（Function）键，进入"系统维护"（System Maintenance），用箭头键选择"烘焙"（Bake-out），再按 ENTER 键来开始执行烘焙程序。

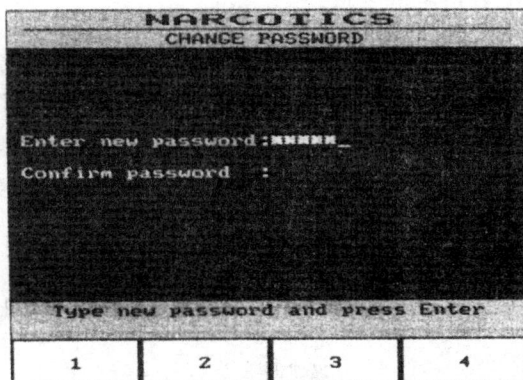

图4.2.16　修改密码菜单

如果定时烘焙功能被激活（一个英文字母"B"将显示在 LCD 右上角），让仪器在"待机状态"自己运行，因为自动烘焙将在设定的时间进行。

如果不需要进行烘焙，用仪器后面的电源开关将仪器关掉。关机后，还要按要求进行日常检查和维护。

第三节　操作要求、检测范围、安全提示

一、操作要求

（一）环境要求

IONSCAN 400B 可在户外、公共建筑、机场、办公室、实验室和工厂等多数通常环境条件下（0℃~40℃）工作。相对湿度一定不能超过95%，而且一定不能有冷凝。在操作过程中，一定不能将仪器从一个空调区域移动到一个温暖、潮湿的区域，因为冷凝可能会损坏系统。

操作环境应当干净。操作环境如被所检测的物质污染，会产生误报。不要将仪器盖住，或限制空气流动，因为如果环境温度太高系统会关机。

需要将仪器从一处搬到另一处时，用两只手牢牢抓住仪器底部两侧。IONSCAN 400B 的重量是23 kg。不要抓住仪器外壳来将仪器抬起。不要用背带来抬起仪器，因为背带可能会滑脱。

（二）电源要求

仪器要求交流电压在 95 V 到 265 V 之间（50 到 400 Hz）。预热过程中最大功率为 600 W；正常工作过程中所需功率为 300 W。系统配备一根交流电源线，可接在面板后面，并且必须连接到一个接地的交流电源插座上。

二、检测范围

表 4-3-1　IONSCAN 400B 中已编入的部分爆炸物和毒品 *

爆炸物		毒品	
名称	检测限	名称	检测限
RDX	500 pg	可卡因	500 pg
PETN	500 pg	海洛因	3 ng
NG（硝化甘油）	200 pg	MDA	300 pg
TNT	300 pg	甲基苯丙胺（冰毒）	300 pg
硝铵	5～10 ng	MDMA（摇头丸）	300 pg
DNT	300 pg	MDEA	300 pg
		THC（四氢大麻醇）	1 ng

*用户可方便地自行向 IONSCAN 中编程更多的爆炸物和毒品，爆炸物和毒品的总数分别可达 45 种，几乎涵盖全部常见爆炸物和毒品。

三、安全提示和相关符号的解释

IONSCAN 400B 仪器在设计时充分考虑到了操作员的安全问题。在本手册中，对有可能存在安全问题的地方都做了安全提示，并以"警示"（WARNINGS）形式显著列出。下面是其中一些安全提示：

RADIATION（辐射）：IMS 检测仪含有一个密封的放射源。在任何情况下都不能试图打开或清洁 IMS 检测仪或漂移管。

HEAT（热）：IMS 检测仪入口和解吸器在高温下工作。在这些地方凉下来之前决不能对其进行维护。进行维护时，将设备关掉，等这些地方凉下来。

ELECTRICITY（电）：IONSCAN 400B 使用普通交流电工作。设备必须接到一个有保护性接地装置的插座上。使用其他电器设备时要采用的防护措施在使用 IONSCAN

400B 时同样要采用。要看电缆是否磨损或接头是否断开。决不能在湿的表面上或在直接淋雨的情况下进行操作。

警示符号的解释：

⚠ 小心，辐射危险

⚠ 小心，热的表面

⚠ 小心，电击风险

⚠ 小心

不按规定方式和条件操作设备及其附件，可能会危及仪器和操作员的安全。特别是，决不能在没有盖好仪器外壳和前盖时进行操作。

第四节　维　护

本节包括 IONSCAN 400B 的日常预防性和纠正性维护程序，是供操作人员使用的，目的是确保设备能够正常工作，以及在出现故障之后能将其恢复到正常工作状态。

一、所需工具

下面所描述的程序可用随 IONSCAN 400B 机器提供的如下工具来进行：
（1）一对镊子；
（2）一个平头改锥；
（3）一个十字改锥。

二、日常维护工作[①]

下面的维护计划表是根据一台 IONSCAN 400B 平均每周使用 30 小时制定的。维护程序在下面详细描述。在每个工作日结束时进行检查，从而使仪器可以恢复良好工作状态，并为第二天的工作做好准备。[②]

---

① 日常维护工作必须定期进行，以使系统保持良好工作状态。不进行日常维护工作，会造成严重故障，相应的系统恢复不属于保修范围。

② 这里所描述的维护工作一定要在关掉电源，将电源线拔掉、且仪器处于室温时进行。

表 4-4-1　维护计划表

维护工作的频率	维护工作的内容
在一次高强度报警之后	清洁取样滑片和入口法兰。
每天	目测检查干燥剂，若颜色显示需要更换，则更换之。
每周或更勤一些	进行系统烘焙。
每周	目测检查 IMS 检测器的入口衬垫、排斥栅、空气过滤器和排气管冷凝器，根据情况清洁或更换。①
按要求	根据有关核管理机构的要求进行辐射泄漏检测。
根据情况	重设断路器。

史密斯检测强烈建议用户准备一个工作日志，每天将系统性能和维护工作记录在上面。

三、取样系统的清洁

（1）如果在分析中使用了取样布，更换滑片盖上的特氟隆环。

（2）用一块用甲醇或异丙醇蘸湿的干净的取样布来擦滑片。

（3）去掉前盖，用一块用甲醇或异丙醇蘸湿的干净的取样布来清洁入口法兰（入口组件的底部，样品由此进入系统）。

四、清洁检测器的空气过滤器

检测器的后面有两个烧结的气流输入过滤器，其位置在干燥剂瓶的后边。这些过滤器可能会蒙上一层尘土，可用棉布蘸上酒精来清洁它们。

冷却风扇的一个防尘过滤器在仪器的后面。当该过滤器变脏时，将外框卸下来，将防尘泡沫在水里清洗。要等泡沫彻底干了才能再安上。如图 4.4.1。

图 4.4.1　检测器的过滤器

---

① IMS 检测器（包括入口、放射源和 IMS 漂移管）一定不能由未经训练的人员打开进行维护或修理。

五、检测器入口衬垫的清洁①

高温：IMS 检测器在操作过程中变得非常热。
下面的程序只有当系统关闭和变冷后才能进行。在没有盖前盖时不要操作仪器。

（1）通过直接将前盖往后拉来将其卸下。

（2）拧松入口门上的两颗紧固螺丝，将门打开（图 4.4.2）。

（3）用镊子轻轻拿走特氟隆垫圈，小心不要将垫圈撕烂。

（4）用镊子或尖嘴钳轻轻将入口玻璃衬垫夹出来（图 4.4.3）。

图 4.4.2 IMS 检测器入口门

图 4.4.3 IMS 检测器入口衬垫

（5）如果衬垫脏了，应更换，或用温热的肥皂水或未加香精的洗涤剂来对其进行清洗，再用清水冲，然后让其自然晾干。

（6）目测检查排斥栅（一个细的金属栅），方法是用一个手电筒往检测器里面照。如果该排斥栅脏了（可以看到大量绒毛状东西），用一个蘸有甲醇或异丙醇的棉签来小心对其进行清洁。不要在排斥栅上用太大的力，因为这样可能会将其损坏。

（7）以同卸下时相反的次序将衬垫重新装上。如果特氟隆垫圈裂了，换一个新的。不要将入口门的螺丝拧得太紧。

六、更换排气冷凝管

要接触到排气冷凝管，需要将检测器的盖子去掉。冷凝管安装在 IMS 检测器边上，由一个含有木炭和泡沫海绵的管子组成。当位于管子第二段的泡沫海绵开始变色时，该冷凝管应更换。

---

① 决不能让实验室溶剂，特别是如四氯化碳、氯仿或亚甲基氯等卤化溶剂进入仪器中，因为它们会损坏检测器。

图 4.4.4　卸下冷凝管

（1）用一个平头改锥拧下冷凝管的后紧固螺丝（见图 4.4.4）。

（2）将冷凝管向上拉，使其脱离支架。

（3）拧下冷凝管前部的黄铜接头。

（4）扔掉旧的冷凝管，将一个新的冷凝管用螺丝上到黄铜接头上。上螺丝时用手拧紧就行，不要使用扳手。

（5）将冷凝管夹在支架中，重新上好后面的紧固螺丝。

七、更换空气净化装置

空气净化装置（图 4.4.5）将水分和杂质从空气流中除掉。瓶中装有干燥剂（商标名为 Drierite），底部还有约两英寸厚的细粒木炭，其作用是除掉烃类杂质。干燥剂在干燥状态是蓝色的，使用后变成粉色。当变成粉色的干燥剂从上到下到达距黑色木炭层之上大约 1 cm 时，整个干燥剂瓶必须更换。在检爆模式下，仪器还监测漂移流空气中的水分含量，如果湿度水平接近不能接受的水平时，将显示警告信息。忽略这些信息最终将会使样品分析无法进行。只有由史密斯检测提供的备用干燥剂瓶才能使用，因为它们是专为在 IONSCAN 中使用而制造的。不要将任何其他装置连接到 IONSCAN 上。

（1）将 IONSCAN 关机。

（2）将干燥剂瓶旁边安装在检测器边上的两个空气管快速连接头断开。

（3）将尼龙带解开，把瓶子拿出。

图 4.4.5　空气净化装置（瓶盖被去掉）

（4）拧下瓶子顶部和底部的铝接头，用过的干燥剂可以倒进一个普通的垃圾箱中，瓶子可以回收利用。

（5）将一个新瓶子的盖子打开，将接头上到顶部和底部，确保这些接头是平行的（它们只能安在一个位置上，不要用力）。

（6）将瓶子放到其位置［观察向上（UP）箭头］，系紧尼龙带，重新接好快速接头。

八、辐射泄漏检测

辐射泄漏检测必须根据当地核管理机构的规定定期进行。提供这项服务的实验室将提供一套检测材料,包括检测说明和取样棉签。

样品在两个地方来取:IMS 入口和 IONSCAN 排气口。如果可能,对每个样品单独使用一个棉签。首先,确保系统已关机,并且已冷却到室温。在 IMS 检测器入口处(图 4.4.6),去掉前盖,彻底擦拭圆形入口区域的下面。

卸下 IONSCAN 的盖子,在排气口(图 4.4.7)处彻底擦拭烧结的金属。

图 4.4.6 辐射泄漏检测(IMS 检测器入口)

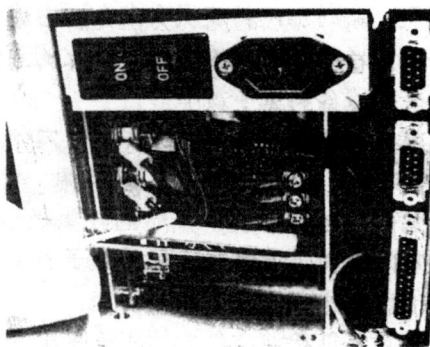

图 4.4.7 辐射泄漏检测(IMS 排气口)

按照提供检测服务的实验室的操作说明来处理所取的样品。

第五节 Quantum Sniffer H150 便携式
爆炸物痕迹检测器介绍

Quantum Sniffer H150 便携式爆炸物痕迹检测器是美国 Implant Sciences 公司开发的一款非接触性擦拭爆炸物痕迹检测。检测器的光谱测定部件是 Implant Sciences 公司开发的离子迁移光谱仪,采用新颖的非放射性离子源 Quantum Sniffer(QS)光子电离技术,用于检测空气中(蒸汽检测)或表面(痕迹检测)是否存在爆炸物分子,适用于机场、地铁、铁路、长途客运等交通行业,大型体育场馆、剧院、展馆、会场、商场、宾馆、广场等人流密集场所,政府机关、军事部门、重要物资储备库、银行系统等要害部位的反恐防爆工作。见图 4.5.1。

一、工作原理

由于爆炸物都具有挥发性，爆炸物的分子会跑到空气中，吸附在衣服及箱包上，用**擦拭取样方法检测**，使用标准的纸样本收集器擦拭表面来获取样本，将纸收集器放置到距取样检测头 1~2 cm 的范围内。操作员按下 START 按钮。旋涡发生器会将热空气吹到被检测物的表面，刺激爆炸物气态残余释放蒸气。同时加热的旋涡会在表面生成人造的小型龙卷风，将爆炸物痕迹释放的蒸气收集并送进设备的离子源中。

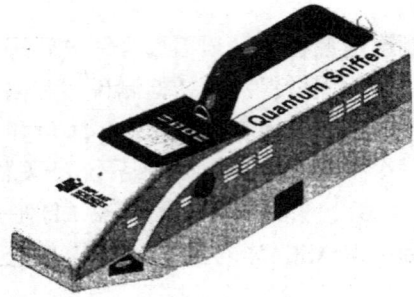

图 4.5.1　Quantum Sniffer H150 便携式爆炸物痕迹检测器

爆炸物检测和识别是以对谱仪内分子离子迁移率的测量为基础。取样的空气被注入 QS 离子源中。通过调节 QS 离子源，使某些种类的有机分子电离。在脉冲电离后，离子在谱仪电场的驱动下开始向收集极运动。小离子先到达收集极，较大的离子运动较慢，所以后到达收集极。每种分子离子在到达时间上都有其特征，这样就可以确定被检测离子的属性。

该设备能检测空气中体积浓度低至万亿分之一（ppt）的爆炸物蒸气，如 NG（硝化甘油）、TNT（梯恩梯）、RDX（黑索金）、PETN（泰安）和 HMX（奥克托今）等。

取样与分析时间为 12 s（默认值），可调 5~30 s。

系统在出厂时已针对表 4-5-1 中列示的物质进行了校准。

表 4-5-1　设备能检测到的爆炸物

物质	物质标识
NC 硝酸铵	NITRO1 NITRO2
RDX （C-4 成分）	RDX1 RDX2
PETN （SEMTEX 成分）	RETN1 RETN2 RETN3
硝化甘油 （炸药成分）	NG
黑火药	BP
TNT	TNT
DNT（Taggant）	DNT

续表

物质	物质标识
TETRYL	TETRYL
HMX	HMX
EGDN	EGDN

二、系统结构

系统的主要部件说明见图 4.5.2 和图 4.5.3。

手提设备包含内置式计算机和分析软件。它有一个背光 LCD 屏幕，用于显示简单的软件界面以提示用户完成分析。在系统显示"Ready"信息时，只需按 START 按钮即可开始分析。

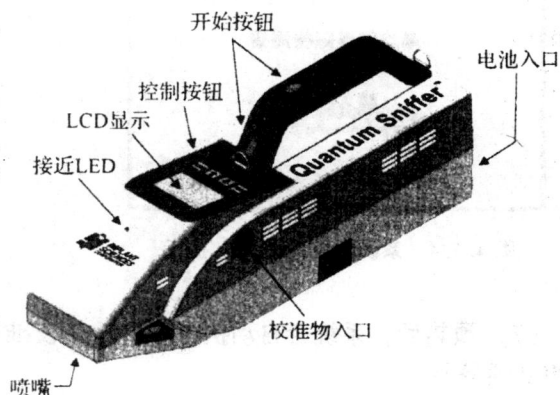

图 4.5.2　系统主要部件说明（一）

三、开机

（1）确保系统电池已经正确安装或者系统已经插入适当的电源中。

（2）使用设备背面的电源开关打开系统电源。见图 4.5.3。

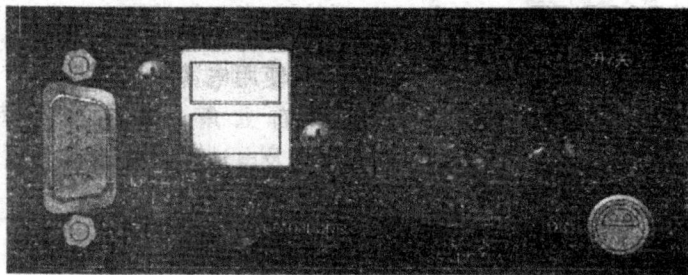

图 4.5.3　系统主要部件说明（二）

（3）系统将显示"输入密码"提示。使用 SCROLL 控制按钮突出显示每一位 PIN 码，在进行每次选择之后按 ENTER 按钮。见图 4.5.4。

（4）在完成 PIN 码输入之后，滚动（SCROLL）至突出显示的"完成"，然后按 ENTER。

（5）系统会显示"日期/时间"验证信息。用户必须验证正确的日期和时间，然后按 ENTER 键。如果日期或时间不正确，用户必须根据屏幕提示更改。

（6）然后系统会显示"正在预热"信息，同时状态指示器将在接下来的时间里一直闪烁。这时系统的黄色 LED 会闪烁，指示用户必须等待。见图 4.5.5。

图 4.5.4　系统"输入密码"提示

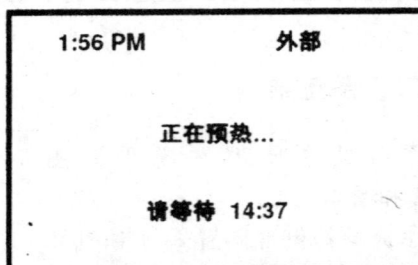

图 4.5.5　系统显示"正在预热"信息

（7）预热后，系统会自动执行校准。在校准期间，系统上的 LED 变为黄色，指示用户必须等待。

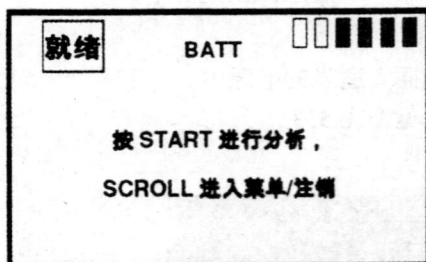

图 4.5.6　系统显示"就绪"信息

如果校准失败，全部 LED 会闪烁，指示校准失败。有关校准失败信息，请依照故障排除说明操作。

在预热期间，管理员可访问各种菜单功能并执行除取样以外的操作。

系统就绪后，将显示"就绪"信息，分析仪上的绿色 LED 会亮起。

系统使用电源供电时，"外部"将会显示在屏幕右上角。系统使用电池供电时，"BATT"及电池所剩电量将会显示在屏幕右上

角。见图 4.5.6。

四、使用控制按钮

控制按钮位于显示屏的下面。允许用户操作不同的菜单并执行各种功能，访问级别取决于用户的级别。见图 4.5.7。

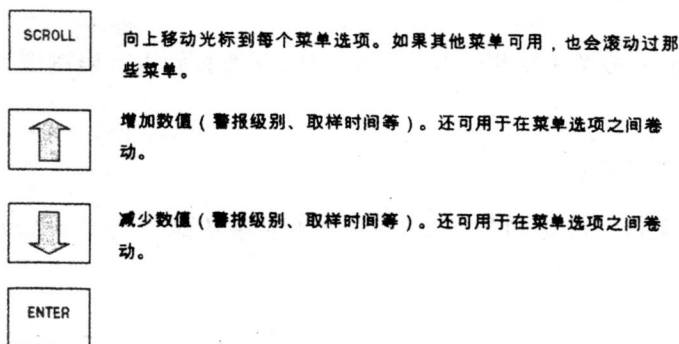

SCROLL	向上移动光标到每个菜单选项。如果其他菜单可用，也会滚动过那些菜单。
⬆	增加数值（警报级别、取样时间等）。还可用于在菜单选项之间卷动。
⬇	减少数值（警报级别、取样时间等）。还可用于在菜单选项之间卷动。
ENTER	

图 4.5.7　控制按钮

屏幕上将出现各种警告信息，表示可能有故障或未达到最佳工作条件。下面是最常见的消息：湿度太高；需要更换空气干燥器；系统的离子源需要再生。

（一）主菜单

要访问任何菜单项，使用 SCROLL 按钮在菜单项之间导航并突出显示选项。突出显示后，按 ENTER 访问该字段。使用 ARROW 按钮进行更改。通过上、下方向键访问上一个或下一个菜单，使用 SCROLL 按钮突出显示菜单选项。突出显示的，按 ENTER 访问所选的菜单。见图 4.5.8。

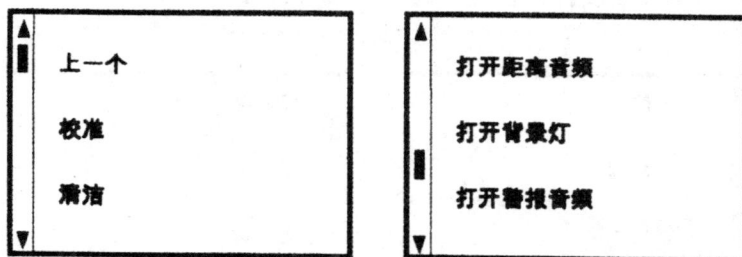

图 4.5.8　选择访问菜单项

主菜单包括如下功能：

校准：强迫系统自行校准（手动校准）。虽然系统在预定的时间间隔内自动校准，但用户也可以启动校准程序。

清洁：启动清洁程序。此外，系统会在预定的时间间隔内自行清洁，但用户可选择启动清洁程序。

距离音频开/关：在接近感应设备上打开或关闭声音。

背光：打开或关闭图形显示背光。

警报声音：打开或关闭警报声音。如果希望以更隐蔽的方法检测爆炸物时可关闭警报声。

警报 LED：打开或关闭警报 LED。当希望以更隐蔽的方法检测爆炸物时可关闭警报 LED。

（二）附加菜单功能

管理员级别用户，可访问如图所述的附加菜单功能：见图 4.5.9、图 4.5.10 和图 4.5.11。

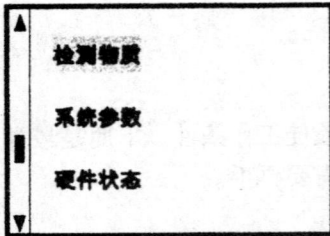

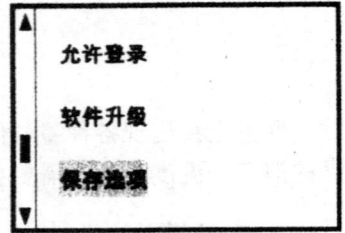

图 4.5.9　附加菜单功能（一）　图 4.5.10　附加菜单功能（二）　图 4.5.11　附加菜单功能（三）

（三）系统参数

允许管理员级别访问辅助菜单，其中可查询并更改各种系统参数。见图 4.5.12。

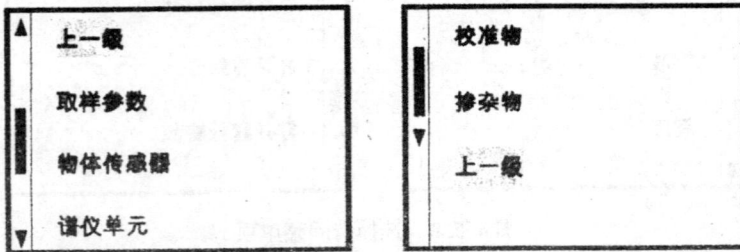

图 4.5.12　辅助菜单

（四）取样参数

恢复默认值功能，将全部系统参数重置为出厂设置。注意，更改这些参数中的任何一项都会造成系统不能正常操作，下面是取样参数，工厂默认设置。见图 4.5.13。

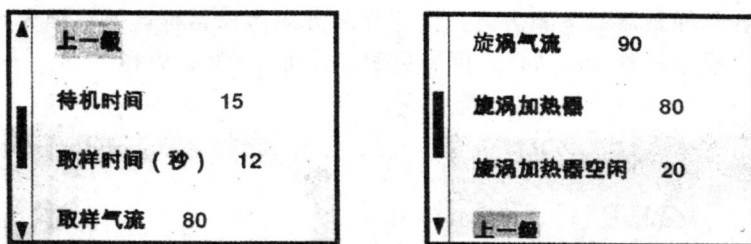

图 4.5.13　取样参数

允许用户更改各种传感设备参数。见图 4.5.14。
允许用户查看离子迁移光谱的状态并更改关键成分参数。见图 4.5.15。

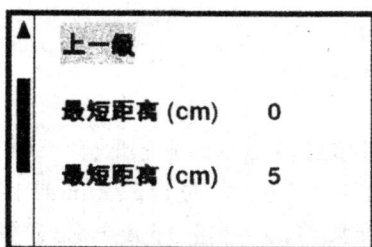

图 4.5.14　传感设备参数

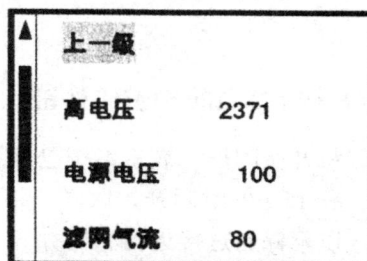

图 4.5.15　离子迁移光谱状态

允许用户查看校准物单元的状态并更改校准物温度。见图 4.5.16。

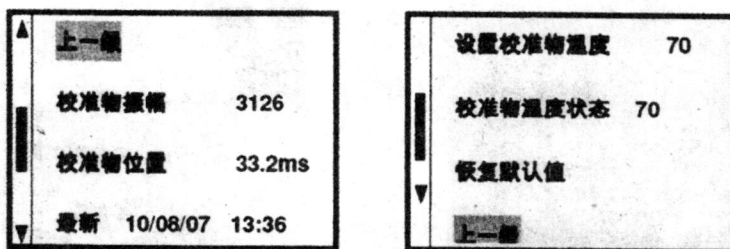

图 4.5.16　校准物单元状态

五、使用方法

（一）使用样本搜集器

使用洁净的手套以防止手过度污染搜集器，将食指和中指放置在搜集器的中上位置，以便拇指托起搜集器的下侧边缘，紧按并单方向擦拭目标区域。请不要来回擦拭。这可能导致样本重新附着于已取样表面。见图 4.5.17 和图 4.5.18。

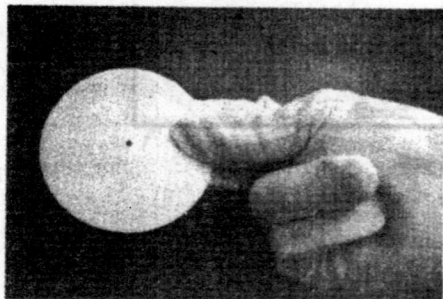

图 4.5.17　使用搜集器擦拭目标区域（一）

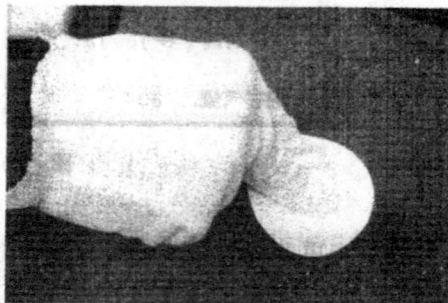

图 4.5.18　使用搜集器擦拭目标区域（二）

（二）按下绿色的 START 按钮

绿灯将开始闪烁，表示系统已准备好，一旦接近传感器中端即开始取样。绿灯开始闪烁后，有 15 s 的时间开始取样。将样本搜集器放置在喷嘴下大约 1/2~2 in 或 1~5 cm 的位置，以确保通过接近传感器并开始取样。确保搜集器上样本的部分正对取样喷嘴。继续将搜集器保持在该位，直到取样完成（就绪画面将会显示）或产生警报，产生警报或取样完时，请将搜集器立即从取样区域移走，如果产生警报或样本搜集器已弄脏或撕破，请在下一次取样时使用新的搜集器。见图 4.5.19 和图 4.5.20。

图 4.5.19　使用搜集器取样（一）

图 4.5.20　使用搜集器取样（二）

也可以直接取样，但要注意，从分析仪喷嘴吹出的空气温度超过 60°，小心灼伤。见图 4.5.21~图 4.5.24。

图 4.5.21　直接取样（一）

图 4.5.22　直接取样（二）

图 4.5.23　直接取样（三）

图 4.5.24　直接取样（四）

（三）屏幕显示

（1）典型的无报警程序，见图 4.5.25～图 4.5.27。

图 4.5.25　典型的无报警
程序（一）

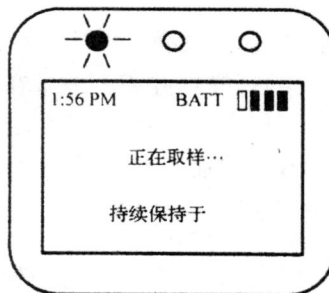

图 4.5.26　典型的无报警
程序（二）

图 4.5.27　典型的无报警
程序（三）

（2）典型的报警程序，见图 4.5.28～图 4.5.32。

图 4.5.28 典型的报警
程序（一）

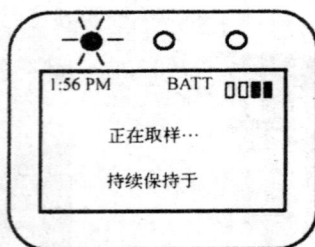

图 4.5.29 典型的报警
程序（二）

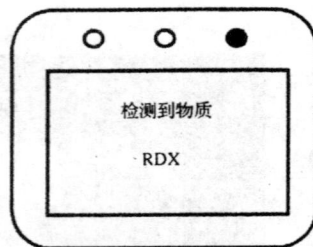

图 4.5.30 典型的报警
程序（三）

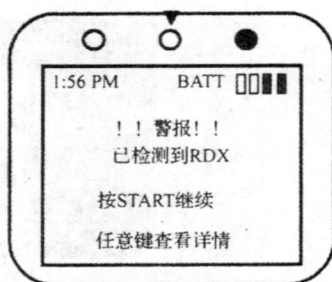

图 4.5.31 典型的报警程序（四）

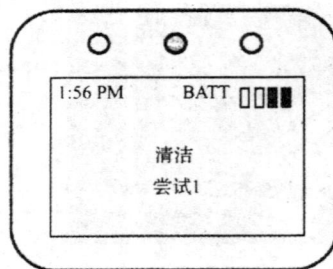

图 4.5.32 典型的报警程序（五）

发生报警时，系统会显示报警情况，并且蓝色 LED 灯会亮起，除非被禁用。另外，如果启用的声音报警，在报警时会发出声音。

（四）校准检查

通过系统提供的"校准样品"进行取样，以验证系统是否正常工作。当系统"就绪"时，按下 START 按钮。打开验证样本并将其放置在喷嘴附近，确保能够通过传感器的检测，如图 4.5.33、图 4.5.34 所示。系统因此发出警报。如果系统没有对 TNT 发出警报，重复此程序直到确保"校准样品"离喷嘴不超过 1 in。如果系统仍旧不发出警报，请向超级用户或者管理者寻求帮助。

图 4.5.33 校准检查（一）

图 4.5.34 校准检查（二）

如果放在水平面上，喷嘴应放在远离表面的位置（例如悬垂于桌边，如图4.5.35所示）。

五、注意事项

（1）Quantum Sniffer H150便携式爆炸物痕迹检测器预热时间比较长，需要15 min。该设备对环境湿度要求比较高，在南方潮湿的气候，开机、预热后屏幕上可能会显示"湿度太高"，这时需要做次"深度清洁"。完成"深度清洁"需要30 min。如果"深度清洁"后再次显示

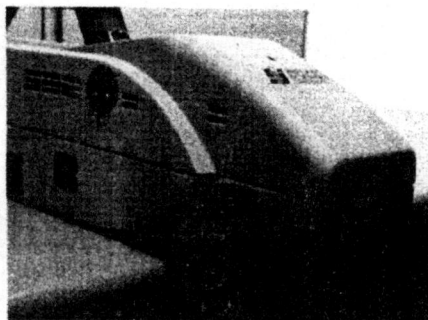

图4.5.35　喷嘴放置位置

"湿度太高"，需要更换干燥剂，干燥剂用来干燥漂移区空气及过滤干燥空气流中的有机分子。在更换干燥剂时，请务必戴上清洁无粉尘橡皮手套，保持清洁无粉。

（2）用擦拭取样方法，对TNT（梯恩梯）、RDX（黑索金）等的检测是非常好，可以擦拭箱的把柄、搭扣，服装的口袋的边等。但如用塑料纸包扎就很难查，多层塑料纸包扎基本查不出来，它的检查原理是利用爆炸物的分子的挥发性。

【思考与练习】

1. 痕量爆炸物安全检查设备的主要用途是什么？
2. IONSCAN 400B痕量爆炸物安全检查设备的结构组成是什么？
3. IONSCAN 400B痕量爆炸物安全检查设备使用前应做哪些准备工作？
4. IONSCAN 400B痕量爆炸物安全检查设备开机程序是什么？
5. 更换空气净化装置的步骤有哪些？
6. Quantum Sniffer H150便携式爆炸物痕迹检测器的工作原理是什么？
7. 如何开启Quantum Sniffer H150便携式爆炸物痕迹检测器？
8. 如何关闭Quantum Sniffer H150便携式爆炸物痕迹检测器？
9. 如何使用Quantum Sniffer H150便携式爆炸物痕迹检测器？

第五章　车底违禁物品安全检查系统

车底违禁物品安全检查系统是一套对车辆底盘进行图像采集、显示、对比、警示为一体的信息管理系统。该系统能有效防止车底藏匿炸弹、武器、生化危险品、危险人物出入重要场所，防止车底携带毒品、非法走私物乃至非法移民通过检查站。

车底违禁物品安全检查系统从结构上主要分为移动式和地埋式两种。

本章主要着重介绍 VS-UVSS-1F 地埋式车底违禁物品安全检查系统。

VS-UVSS-1F 采用地埋式安装方式，其环境适应性、图像分辨率、图像完整性、使用安全性是设备性能的关键要素。

VS-UVSS-1F 车底违禁物品安全检查系统在环境适应性方面严格按照全天候的气象条件下应用以及免维护的理念设计，并按照国家军用标准经历了严格的出厂环境试验考核（包括高温、低温、高湿、淋雨、浸泡等），确保了系统能够在任何气候环境情况下长期稳定地工作。

VS-UVSS-1F 车底违禁物品安全检查系统采用先进的数字线阵扫描成像技术，有极高的图像清晰度和分辨率，并确保车底整体成像、无任何遗漏。

VS-UVSS-1F 的室外部件采用安全的 DC12 V 供电，杜绝了室外设备因使用环境潮湿、雨水可能带来的漏电安全隐患。

VS-UVSS-1F 具有极强扩展能力，能够实现丰富的联动控制功能。

车底违禁物品安全检查系统广泛使用于以下场所：机场、政府、监狱、银行库区、大使馆、军队、港口、公安等安全防范、反恐重点场所。

（1）海关、边境的出入口检查；

（2）重点部位的停车场入口检查；

（3）收费站检查。

第一节　车底安检基本构造原理

一、系统组成

VS-UVSS-1F 车底安检系统主要由以下设备组成：

（1）VSUVI2000 Ⅱ地埋式车底成像设备。

（2）VSM100 或 VSMULTI 系统主机。

VSM100 仅支持实现一个车道的车底安检。

VSMULTI 主机可以支持实现多个车道的车底安检。

（3）VSIO1616 智能控制器。

（4）VSPV84 电源控制及车辆检测器。

（5）其他辅助设备如地感线圈、车牌识别摄像机、场景摄像机、道闸、路障机、信号灯等。

如图 5.1.1 所示，其中 VSM100/VSMULTI、VSIO1616、VSPV84 为室内安装设备，它们被安装在一个标准19 in机柜里；VSUVI2000 Ⅱ为室外安装部件，安装在车道的中央。

（1）车底成像设备 VSUVI2000 Ⅱ安装在检查车道（进场车道）的中央，用于实现对该车道的车底图像检查；

（2）防撞墙按 2 组来配置，防止恶意车辆从任何方向闯关；

（3）待检放行区应保证能完整停放下最长车辆；

图 5.1.1　车底安检系统室内安全设备

（4）车辆检查时应尽量保持匀速并完整驶过 VSUVI2000 Ⅱ车底成像设备；

（5）室内设备应尽量安放在距离 VSUVI2000 Ⅱ车底成像设备最近的地方（管线长度应控制在 70 m 以内，否则需要增加额外的设备）；

（6）车牌摄像机应尽可能正对车辆车头，并通过变焦镜头来调整车牌图像在画面中的大小比例，以满足车牌识别系统的要求；

（7）采用 RFID 系统来识别车辆身份，大大提高识别准确度，需要在每辆车上有一个 RFID 电子标签。

二、检查流程原理

（一）进场检查

在没有任何车辆时，防撞墙始终处于升起状态，以随时防备车辆的恶意闯关行为。当信号灯显示红灯时，车辆务必停在待检线外等候。

当道口信号灯显示绿灯时，表示可以接受车辆安检通行；这时车辆以低于30公里的时速匀速驶入，当接触地感线圈时，信号灯将转换为红色以阻止后续车辆驶入；同时触发车辆身份识别，当系统确认车辆身份正确后，将自动开启道闸，否则道闸保持关闭。这时可以经过安检人员核实车辆身份后手动开启道闸。

合法车辆继续保持匀速驶过道闸，当接触地感线圈时，将启动车底图像扫描；当车辆完全经过线圈后，车底扫描将停止，系统主机将显示完整的车底图片；当车辆完全经过线圈后，道闸自动关闭禁止后续车辆驶入，车辆停在待检放行区等候放行，同时车上人员下车进行人员安检。

当车辆安检确认安全后，安检人员操作降下防撞墙放行车辆。

当车辆完全通过地感线圈后，安检人员操作升起防撞墙，信号灯转换为绿色进入下一车辆的安检程序。

（二）离场记录

在没有任何车辆时，防撞墙始终处于升起状态，以随时防备车辆的恶意闯关行为。

当车辆到达时，安检人员操作降下防撞墙放行车辆，当车辆接触地感线圈时，触发车辆身份识别并记录，当系统确认车辆身份正确后，将自动开启道闸，否则道闸保持关闭。这时可以经过安检人员核实车辆身份后手动开启道闸。

车辆完全通过线圈后，道闸将自动关闭，安检人员操作升起防撞墙。

三、系统原理

系统主机采用 VSM100，连接控制一台 VSUVI2000 Ⅱ 车底成像设备，实现一条检查车道的车底检查，并进行出场车道管理。

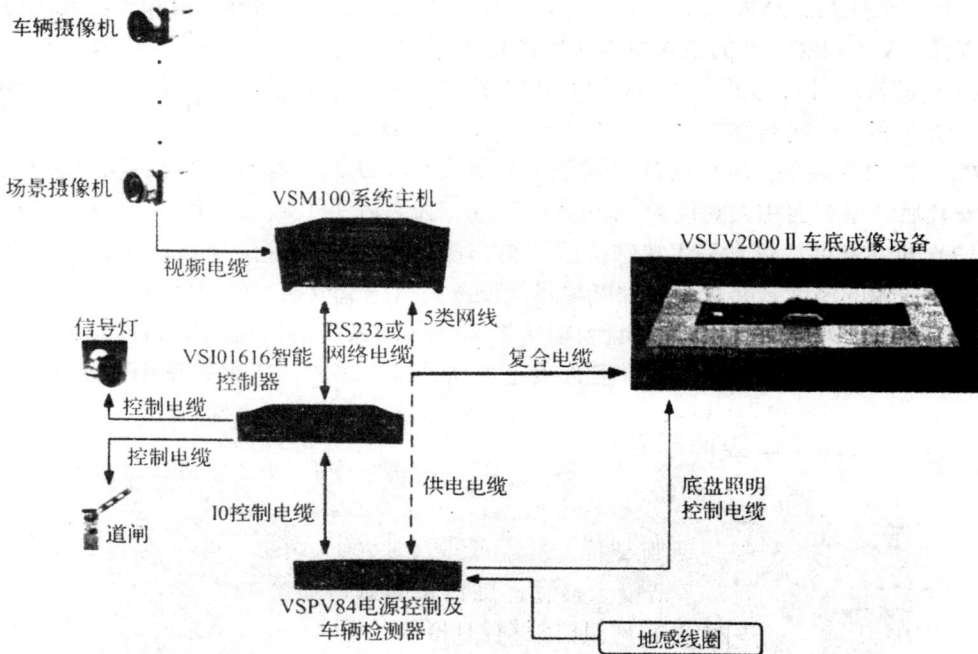

图 5.1.2 系统原理

第二节 VSUVI2000Ⅱ地埋式车底成像设备

车底成像设备 VSUVI2000Ⅱ是 VS-UVSS-1F 车底安检系统中的关键设备,它用于完成对车辆底盘的扫描成像。该设备采用了先进的数字特种成像技术,有极高的图像清晰度和分辨率。

车底成像设备 VSUVI2000Ⅱ是室外安装设备,该部件的环境适应性是决定整个系统能否长期稳定工作的关键。该产品之所以能够在国内外各地被广泛使用,正是因为它具有极强的环境适应性:防水、防压、防浸泡、防起雾等技术在国内具有明显的领先优势。

车底成像设备 VSUVI2000Ⅱ高强度金属箱体具有极强的抗压能力,机芯、灯盒等贵重部件更是采用特殊抗压防抖设计,保证设备具有良好的防抖性能,从而保证整个光学成像的精度,并且最大程度地降低设备因重压造成损坏的可能性;整个设备密闭安装,具有极强的防水、防潮、防尘、防烟雾、防起雾性能,从而保证了成像装置适应在任何自然环境下长时间地正常工作,真正实现了全天候和免维护的使用需要。

VSUVI2000Ⅱ采用 DC12 V 低压供电,保证了设备的使用安全。VSUVI2000Ⅱ具有极强的环境适应性,从而大幅度降低设备在环境适应性方面对工程质量和车辆规范行驶的依赖性。VSUVI2000Ⅱ的技术特点主要体现在以下几点:

(1)密封:引入军工技术,采用高强度密封设计,使设备具有极强的防水、防潮、防尘、防烟雾、防起雾性能(按 GJB150 进行设计和测试);

(2)多项抗碾压,减小设备因碾压造成的变形,从而大幅度提升设备的抗碾压能力;安装后设备表面积大约仅为 110 cm×30 cm,大大减小了碾压几率;

(3)机芯部件、灯盒采用特殊抗压防抖,使设备具有良好的防抖性能,从而保证整个光学成像的精度,并且最大程度地降低设备因重压造成损坏的可能性;

(4)辅助照明采用 LED 光源,大幅度提高了照明系统的使用寿命和可靠性,同时 LED 光源具有微秒级的响应时间,可以满足更高的检测车速,从而提升检测效率。

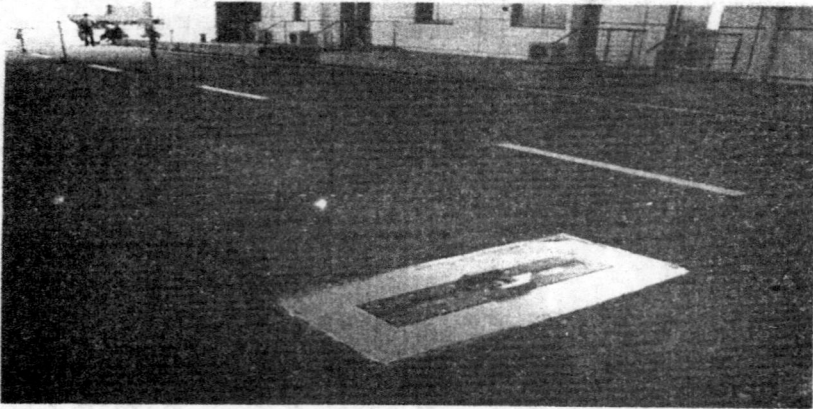

图 5.2.1 VSUVI2000Ⅱ地埋式车底成像设备

一、VSM100/VSMULTI 系统主机

VSM100 系统主机是系统数据处理、控制的核心设备,它由一台高性能的 PC 担任硬件平台,并以 Microsoft Windows 作为软件运行平台运行系统的核心软件 VSM100. GIGE. 0S。

VSM100. GIGE. 0S 完全采用模块化设计,主要由以下软件模块组成:操作主程序、参数设置程序、系统维护程序、VSI01616 在线编程程序、车牌识别程序、车底图像离线浏览程序、场景录像回放程序等。

图 5.2.2　VSM100 系统软件界面

VSMULTI 系统主机运行系统的核心软件是 VSMULTI. GIGE. OS，实现一台主机完成对多个车道的车底检查。

二、VSIO1616 智能控制器

VSIO1616 是一台智能输入采集、输出控制设备，它最大提供 16 路输入检测和 16 路输出控制，并且支持通过级连技术获得更多的输入输出控制能力，它通过 RS232 或 RS422 接口与 VSM100/VSMULTI 系统主机连接。为了保证设备的高可靠性，其内部采用了高性能的微处理器来完成采集、控制以及与外部设备通信。

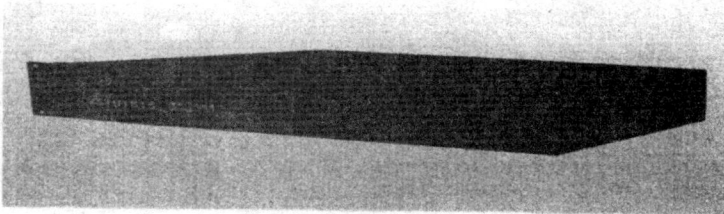

图 5.2.3　VSIO1616 控制器

VSIO1616 采用了全隔离设计，使设备具有极高的使用安全性和抗干扰能力。

VSIO1616 智能控制器能提供多种与外部设备的接口，TTL、开关量、DC12 V、智能串行接口等，并能联动控制各种辅助检测装置，如红绿灯、道闸、路障机、防撞墙等。

三、VSPV84 电源控制及车辆检测器

VSPV84 作为 VS-UVSS-1F 车底安检系统的一个设备单元，为系统中的多个设备供电，同时完成车辆通过检测，并且与 VSIO1616 连接实现多路控制。

图 5.2.4　VSPV84 电源控制及车辆检测器

四、系统功能和特点

VS-UVSS-1F 车底安检系统提供了极为丰富和便捷的操作功能，设计预留了大量可扩展的软硬件接口，极大地方便了操作，同时满足了未来对系统不断扩展升级的需要。

（一）车辆底盘图像记录功能

（1）高清晰度、完整的汽车底盘成像；

（2）多种车辆底盘图像处理功能，如局部放大、缩放、旋转、显示比例调整、图像效果调整（包括亮度、对比度等）、存储、检索、回放等；

图 5.2.5　车底图像经过 IDIP 处理后的图像

（3）高效的车辆底盘图像检索功能，可以通过时间、车牌、车型等信息检索车辆底盘历史图像资料，也可以根据车牌、车型、车辆生产厂家检索标准车辆底盘图像信息；

（4）支持按车牌和车型两种索引方式建立标准车辆底盘数据库；

（5）显示比例记忆功能，最大限度减少车辆底盘图像的失真；

（6）能适应对各种车型车辆的车底进行检测，在屏幕上显示完整的车辆底盘图像；

（7）支持双屏显示器，可选配副显示器单独满屏显示车辆底盘图像；

（8）标准车辆底盘图像库可以自行建立，并且易维护管理；

（9）车辆底盘图像与标准车辆底盘图像比对，支持按车牌、车型等多种比对策略，支持自动弹出或手动调出标准或历史底盘图像与当前车底图像进行同屏对比；

（10）多种环境光线模式控制，保证车底图像在任何环境光线情况下均能清晰成像；

（11）多项数字图像处理手段运用，提升图像质量；

（12）智能图像处理（IDIP）功能。

（二）实时监控功能

（1）最大可接入 4 路场景图像；

（2）画面分割模式：1、4 画面可放大显示；

（3）车牌自动识别功能。

（三）场景录像功能

（1）多种录像触发模式，包括手动录像、定时录像、输入触发录像。

（2）录像资料回放。

（四）硬盘容量管理

（1）整个存储空间划分为资料存储空间和标准车辆底盘资料存储空间；

（2）自动循环覆盖使用资料存储空间；

（3）所有资料按日期建立文件夹存放；

（4）多硬盘管理：系统支持使用多个硬盘作为资料存储空间，当一个硬盘记录满后会自动跳到下一个硬盘继续记录。

（五）自动化检查

整个车辆底盘检查流程可通过编程来设计并实现高度自动化操作。

（六）车牌识别

（1）支持多种车辆制式，可应用于 92 式民用车辆牌照、02 式民用车辆牌照、04 式军车牌照、警车牌照、07 式武警车牌照、民用车双行尾牌的车牌识别；

（2）支持车牌汉字、字母、数字的识别；

（3）管理混合车道时，可以选配 2 路车牌识别以分别对进出车辆的车头号牌进行车牌识别，以提高识别率（1 路车牌识别时对一个方向识别车头号牌，另一个方向则识别车尾号牌）。

（七）其他功能

（1）宏操作：系统提供了强大的宏操作，所谓宏操作是指一系列操作的组合，用户可以根据需要定义各种宏，极大地简化了操作过程；

（2）时间事件：在指定的时间执行一系列操作；

（3）支持多种道口管理模式：单向车道、进出混合车道（仅限采用 VSM100 主机）、进出独立双向车道、多检查车道（仅限采用 VSMULTI 主机）；

（4）多种车辆检查记录的统计分析手段；

（5）VSGCP 接口，支持方便地接入第三方车牌识别系统或 RFID 系统；

（6）VSMNET 接口，支持方便地将 VS-UVSS-1F 各个子系统接入第三方管理平台，实现多道口联网，资源共享，集中管理车辆的进出信息等；

（7）多国语言界面支持，系统信息提示全面丰富，多项人性化操作设计；

（8）车底图像、车牌图像、车辆外观图像、车牌号、车型、车辆颜色等信息绑定存储，一一对应；

（9）离线浏览器功能，支持在其他电脑上浏览车底图像、车牌图像、车牌号、车型等信息；

（10）车牌识别模块，能自动识别车牌号、车牌颜色，同时支持手动输入车牌号、车辆颜色、车型等信息；

（11）车辆安检级别提示，支持建立黑名单数据库；

（12）车底成像设备环境温度监控。

五、系统联网

（一）接入第三方联网平台或管理中心

VS-UVSS-1F 车底安检系统设计有开放的联网接口和相应的软件支持（VSMNET 接口），当一个地方使用多台 VS-UVSS-1F 系统完成对多个道口车辆检查时，可以通过 VS-UVSS-1F 系统的联网功能，将每个独立的 VS-UVSS-1F 子系统连接起来，方便地通过该接口将各个 VS-UVSS-1F 子系统接入第三方的联网平台或管理中心，如图 5.2.6 所示。

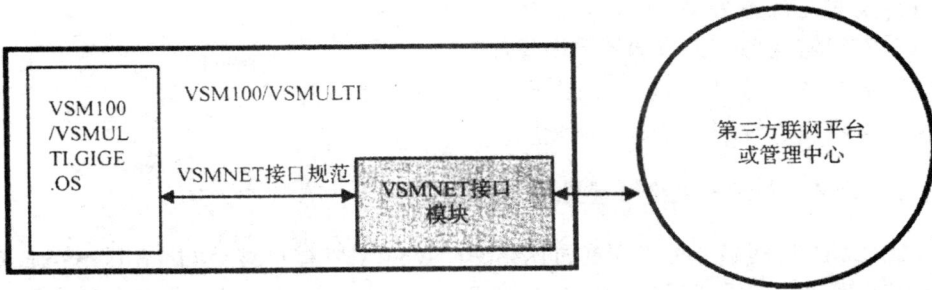

图 5.2.6 联网平台

注：VSM100/VSMULTI：VS-UVSS-1F 车底安检系统的系统主机；

VSM100/VSMULTI. GIGE. OS：运行在 VSM100/VSMULTI 系统主机上的主程序。

（二）VS-UVSS. NET 车底安检联网管理平台

联网管理平台：VS-UVSS. Net 车底安检联网管理平台，通过 VS-UVSS 网络中心（运行 VS-UVSS NetCenter 软件）来集中管理各个道口的车底安检子系统，实现数据共享、车辆出入管理、工作监督等功能，各个 VS-UVSS-1F 子系统的资料数据可以通过网络上传到网络存储服务器（VS-UVSS DATA SERVER）集中保存。网络中心可以实现以下主要功能：

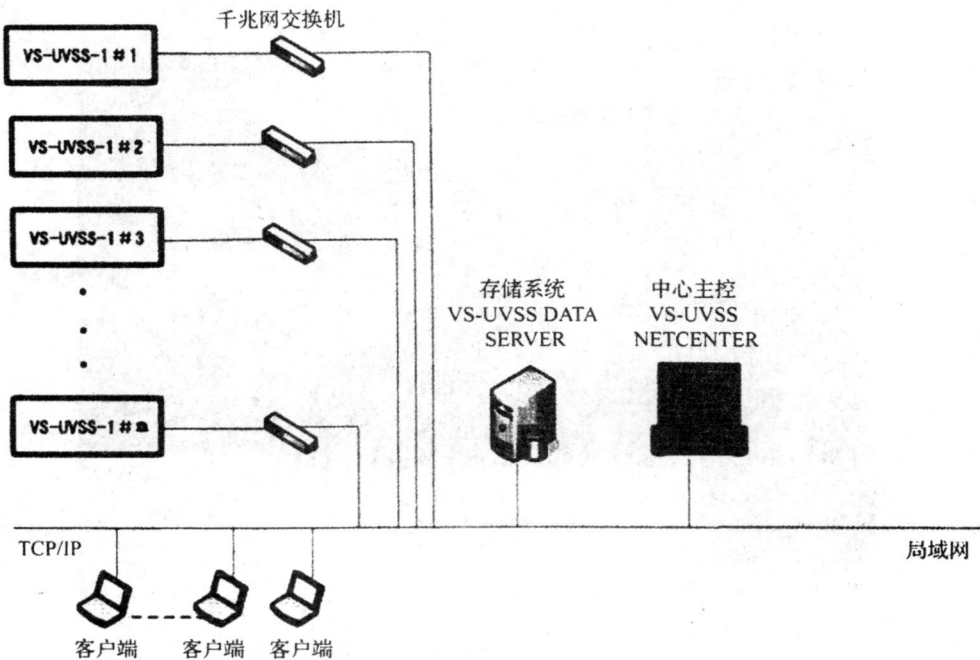

图 5.2.7 VS-UVSS. Net 车底安检联网管理平台示意图

（1）实时监视各个道口的底盘图像；

（2）实时监视各个道口的场景图像；

（3）监视各个道口 VS-UVSS-1F 子系统的运行情况；

（4）车辆出入管理、分析、流量统计。

（三）VSMREMOTE 网络分控终端

VSMREMOTE 网络分控终端通过网络使用 VSMNET 接口规范与 VS-UVSS-1F 系统连接，可以实现远程监视、操作、控制、管理 VS-UVSS-1F 系统，VSMREMOTE 目前主要实现以下功能：

（1）实时监视 VS-UVSS-1F 的底盘图像；

（2）实时监视 VS-UVSS-1F 的场景图像；

（3）监视 VS-UVSS-1F 的运行情况。

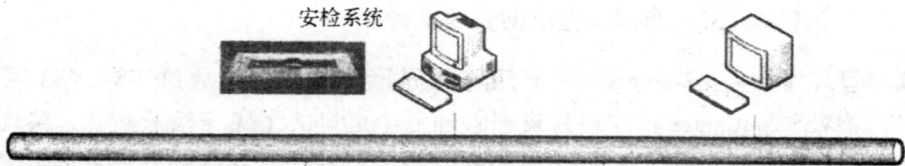

图 5.2.8 VS-UVSS-1F 车底 VSMREMOTE 分控终端

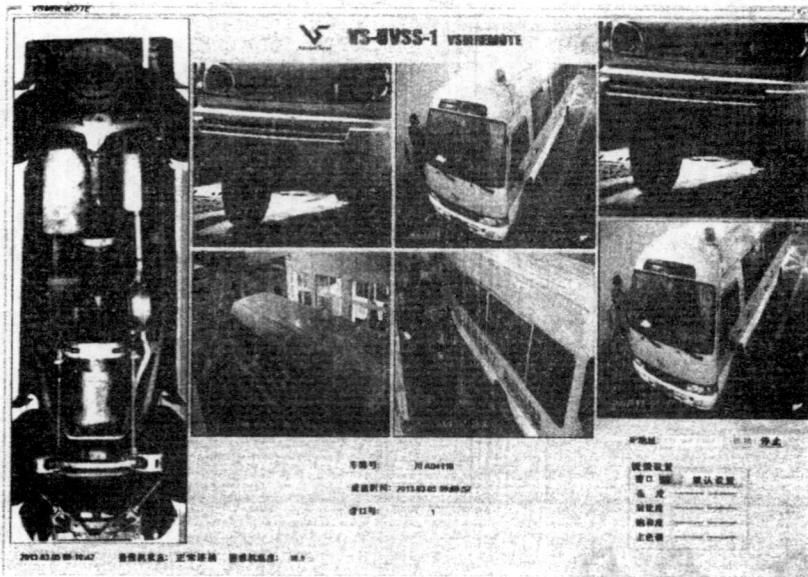

图 5.2.9 VSMREMOTE 界面

第三节 系统主要技术参数

一、地埋式车底成像设备（VSUVI2000Ⅱ）

（1）CCD 分辨率：2048 像素；

（2）CCD 像元尺寸：14 μm×14 μm；

（3）最大扫描速率：18 kHz；

（4）检测车速：建议≤30 km/h；可以通过调整现场施工方案来满足不同的检测车速范围，以获得最佳图像效果；

（5）底盘图像分辨率（车速 30 km/h 时）：最高分辨率优于 0.5 mm/像素；

（6）视场角度：>170°；

（7）表面积：大约 110 cm×30 cm；

（8）检测车辆底盘高度：60~2000 mm；

（9）检测车辆底盘宽度：≤4000 mm；

（10）底盘图像数据接口：以太网 100 BaseT/1000 BaseT；

（11）底盘图像数据传输距离：≤70 m，可以通过中继设备增加传输距离；

（12）照明组件：2 组高亮 LED；36 W（等效于 420 W 卤素灯）；寿命：50000 h；

（13）结构防护等级：IP68。

（一）系统控制（VSIO1616 & VSPV84）

（1）输入检测：≤16 路，光电隔离；

（2）输出控制：≤16 路，可以联动控制各种辅助设备，如道闸、路障机、防撞墙、信号灯等；

（3）输出控制接口方式：DC12V 开关量、继电器开关量；

（4）智能串行接口（选配）：RS422/RS485，可协议控制智能辅助设备，如智能道闸、智能路障机等；

（5）最大 4 路地感线圈接入；

（6）最大 4 路车辆检测输出。

（二）系统主机（VSM100/VSMULTI）

（1）检查车道支持：VSM100：1 路；VSMULTI：≤3 路；

（2）场景图像显示记录：VSM100≤4 路；VSMULTK≤8 路；

（3）场景图像显示分辨率：4CIF；

（4）场景图像记录分辨率：CIF 或 DCIF；

（5）场景图像压缩算法：H264；

（6）底盘成像显示时间：<1 s；

（7）底盘存储或载入时间：<1 s；

（8）底盘图像存储格式：VSBMP（兼容标准 BMP 图像格式）；

（9）底盘图像数据传输接口：100 BaseT/1000 BaseT；

（10）操作系统：Windows XP、Windows Vista、Windows 7；

（11）显示分辨率：自动适应各种显示分辨率；

（12）硬盘容量：500 G。

（三）供电

系统供电（单检查车道时）：AC220V±20%/50-60Hz/800W。

（四）环境适应性

1. 地埋式车底成像设备 VSUVI2000 Ⅱ

1）双重密封设计：防水、防尘、防潮、防烟雾、防霜、防雾；

2）环境温度：−40°C～+70°C；

3）环境湿度：<90%RH；

2. 其他室内设备

环境温度：−10°C～+55℃。

（五）车牌识别

（1）可选配多路车牌识别功能；

（2）单字符识别准确率：≥99%；

（3）图像中车牌允许宽度：80～240 pixel；

（4）车牌图像允许水平倾斜角度：−10°～+10°；

（5）整牌识别准确率：≥90%；

（6）字符（汉字除外）识别准确率：≥93%。

注：车牌摄像机选型，参数指标必须注意几个方面：摄像机清晰度≥480 TVLines，视频信噪比>48 db，具备宽动态、低照度、手动电子快门调节功能。

二、车辆底盘检查流程

车辆底盘整个检查流程采用程序定制，可以根据检查现场的情况来自行设计和配置辅助设备（如车牌摄像机、场景摄像机、道闸、路障机、信号灯、地感线圈等），然后通过 VSM100 系统主机来编制整个检查流程，从而满足各种检查现场需要。典型的检查现场设计工作流程如图 5.3.1 所示。

机柜
VSM100/200系统主机
VSIO1616智能IO控制器
VSPV84电源控制及车辆检测器

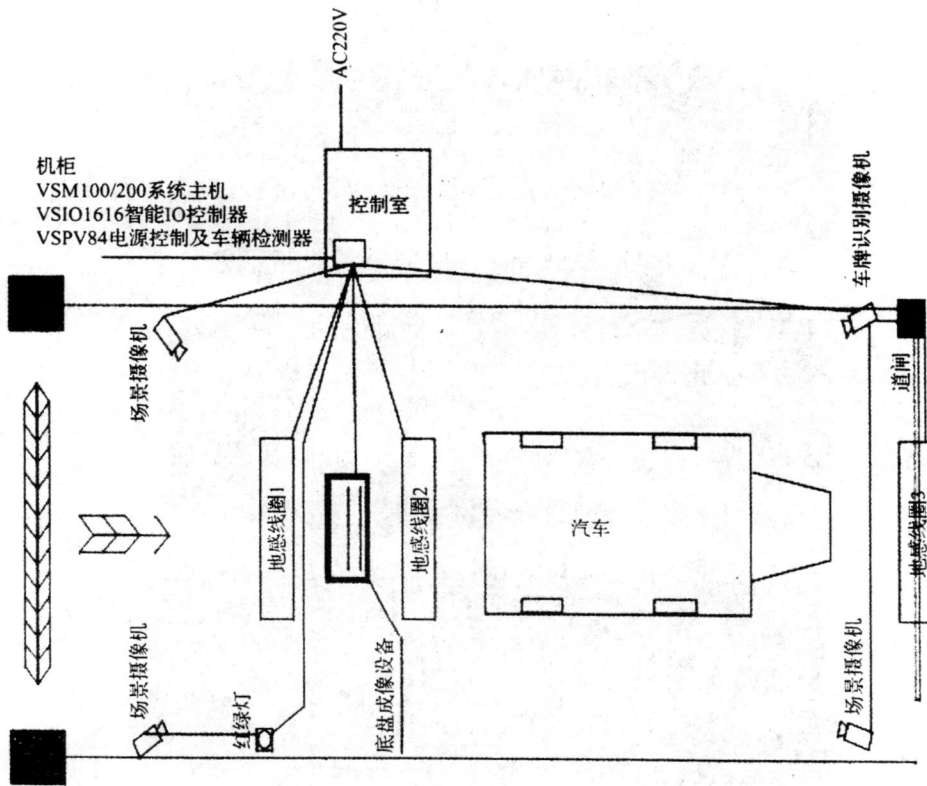

图 5.3.1　车辆底盘检查流程图

　　车辆驾驶员在看到"信号灯"为绿灯时驶入检查场地，首先由地感线圈1探测到车辆通过，随即触发车牌摄像机拍照并将图像上传到 VSM100/VSMULTI 系统主机，辨识车牌信息，此时信号灯自动变为红灯，禁止其他车辆驶入，同时车底成像设备进入工作状态：触发照明设备开启，车辆底盘扫描摄像机开始扫描，并将图像上传到 VSM100/VSMULTI 系统主机，当地感线圈2探测到车辆尾部时，触发照明设备关闭，车辆底盘扫描摄像机停止扫描，VSM100/VSMULTI 系统主机将获得的车辆底盘图像完整地显示在屏幕上并自动存档，同时车辆停留在道闸（或路障机）前等待。这时操作者可对该图像进行多种操作，如局部放大、图像比对等，以快速判断出该车辆底盘是否携带危险物品或危险人物，如未发现异常则开启道闸放行，车辆经过地感线圈3后，道闸自动落下，同时信号灯自动变为绿灯等待下一车辆的到来。

三、车辆底盘实时图像记录效果图

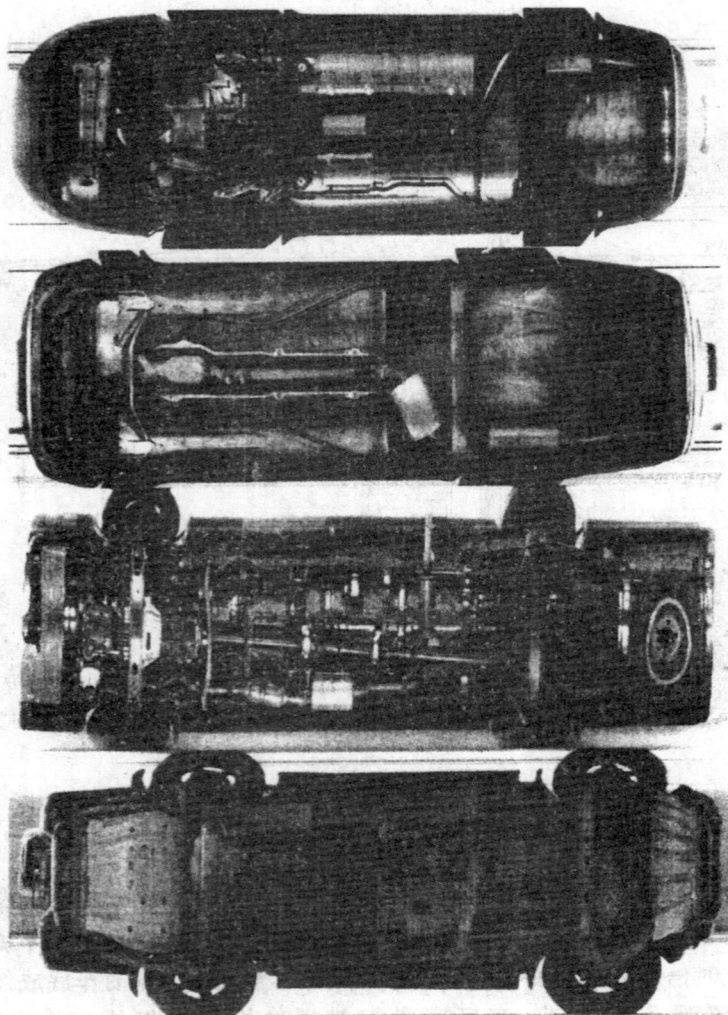

图 5.3.2　车辆底盘实时图像记录效果图

注：1. 只有选择彩色线扫描摄像机才能获取彩色车底图片。
　　2. 样例图片已经过压缩处理，实际车底图片的分辨率和尺寸均远大于以上图片。

四、车底成像设备安装

（1）摄像机装置安装在盖板上。

图 5.3.3　摄像机安装

（2）照明装置安装在盖板上。

图 5.3.4　照明装置安装

（3）复合电缆连接摄像机装置。

复合电缆一端连接摄像机装置，而另一端通往监控室，连接 VSM100 系统主机、VSPV84 电源控制及车辆检测器。

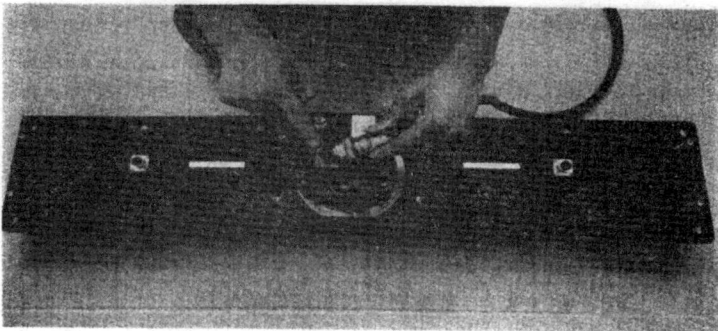

图 5.3.5　复合电缆连接摄像机装置

（4）照明电缆连接照明装置。

照明电缆一端连接照明装置，而另一端通往监控室，连接 VSPV84 电源控制及车辆检测器。

图 5.3.6 照明电缆连接照明装置

（5）安装连接完成后的车底成像设备盖板。

图 5.3.7 安装连接完成后的车底成像设备盖板

（6）将盖板固定在预埋好的地框上。

图 5.3.8 盖板固定在预埋好的地框上

第四节　使用维护

一、日常维护保养

（一）常规保养注重点

（1）应随时保持照明装置窗口和摄像机装置窗口的清洁，以保证底盘图像的成像效果，摄像机装置窗口玻璃清洁时应先用冷水冲洗，然后使用柔软的湿布（如电脑屏幕清洁布）擦拭干净或自然晾干，切忌随意使用纸张或干布擦拭，否则可能磨损窗口玻璃，影响成像效果。

（2）照明装置在使用一段时间后，可能会出现窗口起雾或轻微进水现象，属于正常现象，不会影响成像效果及设备的正常运行。

（3）请勿让摄像机装置和照明装置长时间地浸泡在地埋设备坑体的积水中，否则会缩短设备的使用寿命。

（4）应保证系统供电稳定，如果使用场所供电不稳或经常停电，会导致主机软件数据损坏，严重的可导致系统部件损坏。这时建议配置 UPS 或类似设备。

（5）关闭系统主机时，应使用菜单程序上的"关闭 VSM100 主机"，不要直接关闭主机电源，否则可能导致软件数据损坏，严重的可导致主机硬盘物理损坏。

（6）请勿在系统主机上使用外来盘、上网，以避免电脑病毒感染。

图 5.4.1　开关机图示

（二）基本操作

1. VSM100 菜单程序

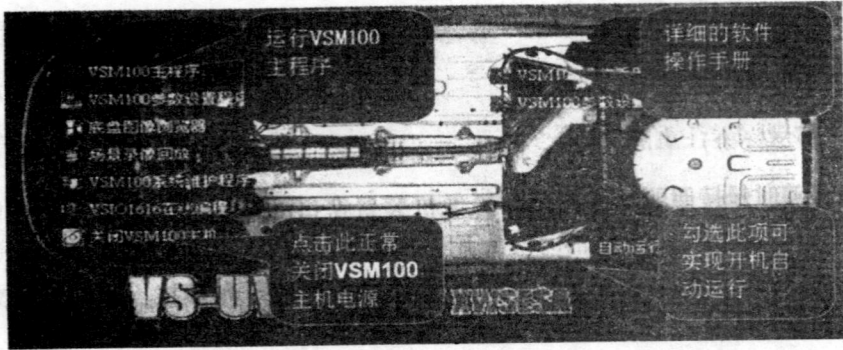

图 5.4.2　VSM100 菜单程序

2. 基本操作图示

VSM100 软件提供多种操作界面风格，以满足各式操作要求和习惯。当运行 VSM100 主程序后，可以通过观察主操作界面，并从六个方面来判断整个系统是否运行正常。

图 5.4.3　系统正常运行指示

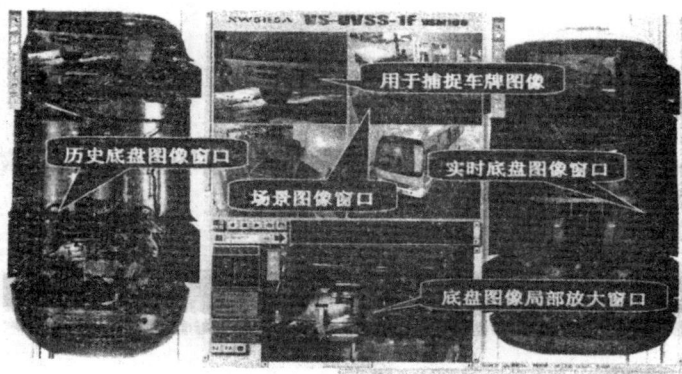

图 5.4.4　操作主界面

图 5.4.5·操作主界面功能介绍（一）

图 5.4.6　操作主界面功能介绍（二）

二、软件维护

（一）参数备份及恢复

当确认系统一切工作正常后，可以使用参数备份功能备份当前参数，方法是运行 VSM100 系统维护程序，点击"参数备份"按钮。

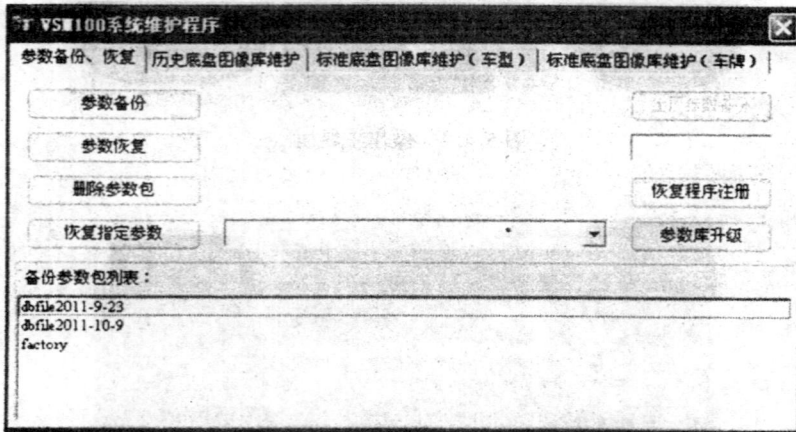

图 5.4.7　参数备份及恢复

当软件系统发生故障，但操作系统还能正常运行，那么就可以使用"VSM100 系统维护程序"来恢复参数，方法是运行 VSM100 系统维护程序，在"备份参数包列表"中选择适当的参数包，然后点击"参数恢复"按钮，其中名称"factory"的参数包为出厂参数包。

需要注意的是：

（1）如果选择恢复出厂参数，那么需要重新进行参数设置以满足实际使用。

（2）参数恢复后可能会导致历史底盘图像信息库和标准底盘图像信息库中的部分信息丢失，可以通过工具箱中的"VSM100 系统维护程序"来重建这些数据库的全部信息。

（3）当恢复了比较早期的参数包，那么可能需要点击"参数库升级"按钮来更新参数库方可正常使用。

（二）系统备份及恢复

当软件系统发生故障，并且操作系统无法正常工作，这时可以使用系统恢复功能来排除故障，方法如下：

（1）重新启动计算机，当系统出现如下菜单时：

Microsoft Windows XP

Professional VS 系统维护程序

（2）选择"VS 系统维护程序"选项，将显示如下菜单：

VS System Recover（系统恢复）

VS System Backup（系统备份）

Scan All Harddisk（扫描所有硬盘）

VS System Recover Original（系统恢复到出厂状态）

（3）选择1，可将系统恢复到上一次备份的状态。选择4，可将系统恢复到出厂状态。选择2，可对当前系统进行备份，当前备份将覆盖以前旧的备份，因此备份前请务必确认系统软件一切工作正常。

（4）注意：①如果选择4，那么用户需要重新进行参数设置以满足实际使用。②系统恢复后可能会导致历史底盘图像信息库和标准底盘图像信息库中的部分信息丢失，用户可以通过"VSM100 系统维护程序"来重建这些数据库的全部信息。

三、重新安装软件

（一）对操作系统的要求

当 VSM100 主机由于硬盘损坏需要更换新硬盘，或者硬盘分区数据损坏造成无法从系统备份恢复系统时，就需要重新安装 Windows 操作系统。

对 VSM100 主机上运行的 Windows 操作系统要求如下：

（1）支持 Windows XP、Windows Vista、Windows 2000、Windows 2003；

（2）硬盘分区至少3个（即 C、D、E），推荐使用4个分区：E 作为标准底盘图像存储分区、F 作为历史资料存储分区；

（3）电脑显示系统支持 DIRECTX 9.0，并且启用 DIRECTDRAW 加速，显示分辨率至少 1024×768 以上，否则操作主界面可能显示不全；

（4）设置"本地连接"的 IP 地址和子网掩码使主机和车底成像设备处于同一网段；

（5）设置 Windows 任务栏为自动隐藏状态，以便 VSM100 主界面能全屏显示；

（6）由于 VSM100 会使用日期、时间来创建目录和文件，因此系统日期、时间分隔符应避免使用一些系统保留符号，推荐日期使用"-"作为分隔符，时间使用":"作为分隔符。

（二）软件安装步骤

（1）安装 QuickCamGEV 驱动程序：运行 d:\driver\dalsa\目录下的 QuickCam-GEV. exe；

（2）安装场景视频采集卡驱动程序：运行 d:\driver\DS4004HC v4.2\Driver\目录下的 Driver Install. exe；

（3）安装 VSM100 应用程序：安装程序位于 d:\softinstall\目录下，安装软件的目录名称通常为 VSM100install+软件版本号；

（4）如果有升级软件包，安装最新的 VSM100. gige 应用程序升级包：升级软件包的目录名称通常为 VSM100. GIGE. SG. UPD+软件版本号。

【思考与练习】

1. 什么叫车底违禁物品安全检查系统？
2. 车底违禁物品安全检查系统从结构上划分主要分哪两种？
3. 车底违禁物品安全检查系统主要由哪些组成？
4. 车底违禁物品安全检查系统检查流程是什么？
5. 车底违禁物品安全检查系统日常维护应注意哪些事项？

第六章　国际安检设备介绍

第一节　人身安全检查的发展趋势

一、人体成像安检

目前，对人体进行安检的手段主要分接触式和非接触式两种。前者主要是通过安检人员的搜身或者手持小型金属探测仪进行近体检查来实现，这种方式不仅耗时而且侵犯被检查人员的隐私；后者能够实现快速非接触式的检查，确保被检人员隐私，代表了人体安检技术的发展方向。"金属门"作为传统的非接触式人体安检设备，由于其高误报率和对非金属违禁品（如陶瓷刀、毒品等）的无效性，已不能满足当前的需要。市场需要更全面、更人性化、更快速有效的人体安检手段，近年来各国政府均大力开展新型人体安检领域的技术与产品研发。

美国在"9·11"事件之后投入大量资金支持数家高科技公司开展成像型人体安检设备的研制，2008 年有 38 台设备开始在美国主要机场试用，2011 年这一数量已经增至 990 台，约一半设备采用主动毫米波技术，另一半采用 X 光反向散射成像技术。目前，TSA 已经批准上述两种类型的人体检查设备在美国机场使用，在 2012 财年还将新采购 275 台设备，2012 年底将有 1265 台装备于美国机场。

上述情况意味着使用成像技术的人体安检设备已经实用化，并在欧美等经济发达国家开始批量装备。目前，国内对人体进行安检的主要方法依然是金属探测和触摸式安检，安检员通过搜身或者手持金属探测仪进行近体检查，不仅耗时，而且侵犯被检测人员的隐私权，给安检工作带来了不必要的麻烦。因此，迫切需要新的更加人性化、更快速有效的检查手段。下面就对国外人体成像安检设备做简要介绍。

二、国外人体成像安检设备介绍

人体成像技术目前有三种类别：X 射线透视成像、X 射线背散射成像和毫米波成像。人体 X 射线透视成像不适用于对公众进行普检，目前最有潜力的人体安检技术是毫米波技术和背散射技术，这也正是世界各国正在大力发展和推广的技术。

目前，经 TSA 认证的全身扫描产品只有 L-3 公司 ProVision 毫米波成像安检门和 Rapiscan 公司 Secure1000 X 射线背散射扫描仪，前者采用主动式毫米波技术，后者采用背散射 X 光技术。

（一）L-3 公司 ProVision 毫米波成像安检门

世界首款商业化应用人体成像安检设备——美国世界 500 强企业 L-3 通信公司的 ProVision 毫米波成像安检门，有强大的物体分析技术和图像处理技术，能揭开即使是被其他物体隐藏的可疑物面纱，可以让操作员快速轻易地辨认出原材料，适用于任何安全检查站。该系统利用无害的非电离信号，能在几秒钟内产生清晰的图像。毫米波技术是一种成熟的成像技术，类似于红外成像。不同之处在于毫米波技术能穿透某些可见光和红外不能穿透的物质。

应用该系统对人员进行安检，无论目标是金属还是非金属，也不论材质是固体、胶体、液体或气体等，只要本身是有形物体或有外包装，系统都能从身上快速自动探测并显示出来。因此，主动毫米波扫描成像安检系统是目前在机场、车站、码头等交通设施，法院、监狱、看守所、重要政府机构、海关边防、大型公共活动和其他重要公共设施及高端私人场所对人员安检的最佳设备，也是国家单位和企业针对人员随身藏匿保密资料载体和高价值产品物资等进行安检的最佳手段。截至 2010 年，全球已安装了超过 400 台 ProVision 毫米波全身扫描仪。阿姆斯特丹机场使用 L-3 公司 ProVision 毫米波全身扫描仪使用实景见图 6.1.1。

毫米波成像技术的主要优势在于：

1. 完备的隐私保护

系统完备的隐私保护功能，彻底解决了过去人体成像安检带来的隐私泄露问题，系统不显示输出任何涉及被检人员的隐私信息，只显示人形影像上的可疑物品并标示。

2. 对人体非常安全

毫米波成像是真正对人体安全的成像技术，毫米波是处处存在的各种电磁波中的一个波段，系统应用的超小功率短时照射不会对人造成损害，美国同类产品经美国政府交通管理局长期测试证明其功率不及手机电磁波辐射的万分之一，多频繁的检查也不可能对健康造成影响。

毫米波成像完全不同于 X 光射线成像（无论是 X 光背散射人体表面成像，还是利用低剂量 X 光透视成像），不存在 X 光电离辐射给被检人员造成的累计伤害危险，不会导致皮肤癌和基因突变，孕妇小孩使用也没有问题。

3. 成像安检速度快

系统安检速度快，可以与随身物品安检同步进行，不像其他成像安检技术那样影响安检速度，安检通过率是所有成像安检系统中最高的。

图 6.1.1　阿姆斯特丹机场 ProVision 毫米波全身扫描仪使用实景

4. 安检性能可靠

系统对各种材质的有形物体都可以快速成像安检，分辨率很高，不法分子无法随身藏匿携带危险品、违禁品或偷盗物等各种物品通过，解决了现有人体安检手段（金属安检门）只能检查金属物体的问题，堵住了巨大的安全漏洞。

（二）Rapiscan 公司 Secure1000 X 射线背散射扫描仪

背散射人体安检是一种对人体进行表面成像，以图像的方式来进行检查的非接触式人体安检技术。该系统能够在不接触人体的情况下，快速有效地检查出藏匿于衣物下的违禁品与危险品，包括金属/非金属刀具、塑料、陶瓷、液体、爆炸物、毒品等。

Secure1000 通过美国 TSA 测试、评估，并且有资格将此设备提供给民航安检。Secure 1000 符合 FDA、ANSI Standard 43.17 和美国健康与安全的规范要求。该产品可执行完整的人体扫描，以利查缉藏匿的违禁品。Rapiscan 公司 Secure1000 人体扫描示意图见图 6.1.2。

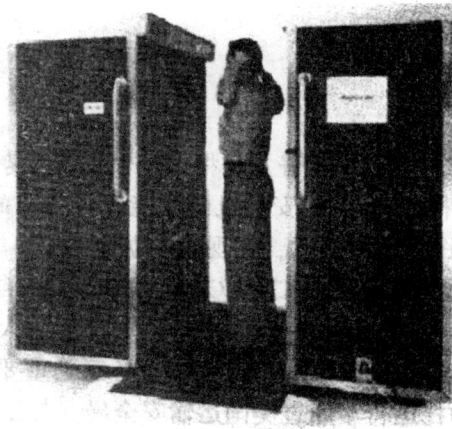

图 6.1.2　Rapiscan 公司 Secure1000 人体扫描示意图

在辐射方面，Secure1000 扫描 1000 次，等同于做一次胸透检查。扫描一次 Secure1000 的辐射剂量等同于乘坐飞机 2

min 所吸收的辐射剂量。人一天中，在地球上所吸收的辐射剂量，超过 Secure1000 扫描一次的 60 倍。该设备使用时所产生的辐射量属于公众可接受范围内，且比较毫米波安检门而言图像质量更好，成本更低。

（三）三种人体成像安检技术比较

人体成像安检技术目前有三种类别：X 射线透视成像、X 射线背散射成像和毫米波成像。三种技术的比较见表 6-1-1。

表 6-1-1　人体成像安检技术比较

人体成像安检技术	检查原理	检查类型	成像特点	体内检查	检查速度	辐射剂量
X 射线透视成像	利用不同厚度、不同密度的物质对 X 射线的吸收不同来成像	金属、陶瓷、塑料等各类危险品，适合检查体内藏毒	成像清晰，类似于医学透视图像	是	快，无须特定姿势和转身	单次检查小于 1 mSv低剂量照射，对人体安全
X 射线背散射成像	利用体表不同密度的物质对 X 射线的反射不同来成像	金属、陶瓷、塑料等各类危险品，特别适合检查塑性炸药	成像类似于人体体表照片	否	快，需采用指定姿势	美国 ANSIN43.17（2009）规定单次扫描有效剂量不超过0.25 mSv，超低剂量照射，对人体安全
毫米波成像	利用人体辐射的毫米波聚集成像	金属、陶瓷、塑料等各类危险品	穿透力有限，图像分辨率不高	否	中，需采用指定姿势	电磁辐射，无伤害

第二节　X 射线机

CT 安检产品的普及化将是一个发展趋势，逐步替代普通 X 射线机。与普通 X 射线安检机相比，CT 型安检机的性能有了本质的飞跃和提高，一是 CT 安检机采用多角度探测和图像重建技术，实现三维立体成像，能再现被探测物体的轮廓，增强了对被探测物体判读的准确性。二是 CT 安检机可实现自动判读，对疑似物品自动提示，精确定位爆炸物/毒品在行李中的位置，有效降低了人为因素的影响。

从全球范围来看，CT 安检设备已是重要机场的核心安检设备。美国政府立法要求100%的托运行李通过美国运输安全局（TSA）认证的 CT 安检（EDS）设备检测后才可登机。在航空托运行李安检领域，CT 型行李安检系统多与行李处理系统集成，以在线模式（In-Line）应用于机场的交运行李多级检查。同时它也可以单机模式（Stand-By）应用于小型机场的交运行李检查、机场旅客行李检查以及大型会议和重要设施等出入口安全检查。可以预见，CT 安检产品的普及化将是一个发展趋势，同时性能更强的双能

CT、多能 CT 产品将是研发的热点。目前新型的 CT 型行李安检系统将双能技术（Dual-Energy）和计算机断层扫描技术（Computed Tomography）这两项尖端科技进行融合，依据密度和相对原子序数（Z_{eff}）对藏匿在行李中的爆炸物进行自动识别并定位，检出率高，误报警率低，是目前世界上最先进的行李检查设备。下面举例介绍世界先进的 CT 安检设备。

一、CT-800 系列探测器

美国 Reveal Imaging 公司是一家从事危险品探测系统与服务的美国公司，重点开发准确、高效的机场行李扫描技术。其生产的 CT-800 系列探测器，采用双能计算机断层摄影（CT）技术来测量密度和原子序数，自动识别薄片、液体和自制爆炸物。CT-800 可提供分辨率非常高的 CT 图像，以及高分辨率的双能 X 光图像。CT-800 还配备了强大的应用软件来

图 6.2.1　Reveal Imaging 公司 CT-800 设备图

分析图像。Reveal Imaging 公司 CT-800 设备图见图 6.2.1。

二、CTX-9800 系列探测器

法国 Morpho Detection 公司是法国赛峰集团 SafranGroup 的成员企业，是全球安检领域的引领者，它在全球范围内部署了超过 22000 套爆炸物和毒品探测行李检查系统。在 CT 技术方面，Morpho Detection 最新的产品是 CTX 9800 DSi 和 CTX5800。CTX 9800 DSi 在吞吐能力上取得了重大进步，并具有独有的 Clarity 数据采集技术，使得其在高速检查行李时还能继续对包裹进行高清三维成像。作为 TSA 认证的高速爆炸物探测系统，CTX 9800 DSi 每小时能够检测超过 1000 件行李。CTX5800 采用的也是 CT 技术，但是它对机场的空间和重量限制区域有较高的要求，虽然成像质量与 CTX 9800 DSi 一样，但是它每小时只能检测 400~450 件行李。

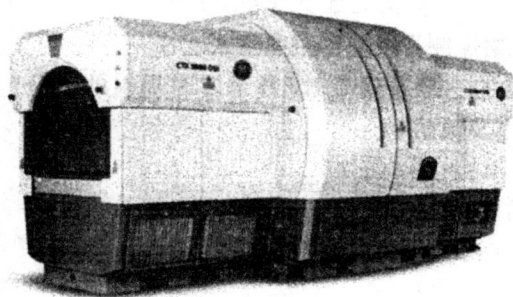

Morpho Detection 公司生产的 CTX 系列产品多数已通过美国交通安全部（TSA）的测试认证和欧洲 ECAC 测试认证。其生产的 CTX 9800 DSi 获得美国交通安全部认可，成为市面上唯一一款获得该认可的高速、高解析度

图 6.2.2　Morpho Detection 公司 CTX 9800 DSi 设备图

3D 探测系统。CTX 9800 DSi 成像行李扫描仪见图 6.2.2。

由此，机场将可通过高解析度 3D 成像行李扫描仪来提高航空安全，而这项技术曾经只用于医疗服务。

CTX 9800 的关键性突破在于一套名为 Clarity 的革命性数据获取技术，Clarity 结合了 GE 医疗（GE Healthcare）领先的 3D 成像技术和 GE 安全（GE Security）先进的自动爆炸物探测技术。Clarity 的高解析度 3D 成像在扫描行李时能提供 360°、拥有精密细节的图像，提高了操作人员判断危险物的能力，同时减少了运作费用。而且 CTX 9800 还能协助使用者应对未来的新安检挑战。

CTX 9800 使用了原本为医用开发的影像技术，而将其定制为安全应用。Clarity 允许行李以空前的速度接受爆炸物探测系统的扫描，同时生成业界清晰度最高的图像，它的 3D 测定提供了更加丰富的细节。

CTX 9800 将目前爆炸物探测系列产品向前大大推进了一步，它是 CTX 9000 DSi 产品线第二个重要升级产品。CTX 9000 和 CTX 9400 DSi 两款产品均可升级为 CTX 9800。

三、eXaminer-XLB 爆炸物探测系统

随着越来越多的大型飞机（比如空客 380）开始投入使用，全球最大的机场还在继续扩展规模。这种能够容纳 500 多名乘客的新一代飞机，加上乘客规模的整体上升，要求机场使用超高速托运行李扫描系统。美国 Analogic 公司是一家航空爆炸物探测设备的 OEM 供应商，开发的 eXaminer 系列爆炸物探测系统（EDSs）能够在各种机场环境下探测众多危险物质。其 eXaminer-XLB 爆炸物探测系统（EDS）是 TSA 认证的爆炸物探测系统，也是目前业内容量最大的机场安检系统，专用于满足繁忙的超大型机场托运行李的处理需

图 6.2.3　Analogic 公司 eXaminer-XLB 爆炸物探测系统设备图

求。美国 Analogic 公司 eXaminer-XLB 爆炸物探测系统设备图见图 6.2.3。

利用该设备能够获得 Analogic 公司专有的三维连续流 CT 技术实时提供的高分辨率三维彩色图像，还能 360°旋转检查整个箱包及威胁物。

第三节　爆炸物探测器

一、IONSCAN 500DT 台式毒品炸药分析仪

加拿大生产的 IONSCAN 500DT 台式毒品炸药分析仪利用离子迁移质谱（IMS）技术同时检测并且精确地识别广泛的毒品和爆炸物的痕量物质，仪器已经对检测亚纳克数量的毒品与爆炸物进行优化。IONSCAN 500DT 台式毒品炸药分析仪设备图见图 6.3.1。

可分析爆炸物有：TNT（三硝基甲苯）、PETN（钛安）、HMX（奥克托金）、TATP、RDX（黑索金）、SEMTEX（塑胶炸药）、NG（硝化甘油）。可分析的毒品有：Heroin（海洛因）、Cocaine（可卡因）、MDA（亚甲二氧基安非他明）、THC（四氢大麻醇）、MDMA（摇头丸的主要成分）、PCP（苯环己哌啶-天使粉）、A-OPIUM（鸦片）。

图 6.3.1　IONSCAN 500DT 台式
毒品炸药分析仪设备图

二、SABRE 便携式爆炸物/毒品检测仪

图 6.3.2　SABRE 便携式爆炸物/毒品检测仪设备图

由加拿大制造的 SABRE 产品是轻便型的手持式痕量爆炸物痕量分析仪。同时，它具备探测有毒工业毒气 TICs 与化学战剂 CWAs 功能，由于其检测范围广泛，且具有良好的便携性和灵活性，因此成为安全检查及军队等机构所必备的仪器。SABRE 产品采用成熟的史密斯检测 IMS 技术，可以在约 20 s 的时间内检测和识别超过 40 种爆炸物。其中包括常用来制造临时爆炸装置原料的过氧化物、易挥发和不稳定的化学品，以及用来作为自制爆炸物的硝铵。SABRE 便携式爆炸物/毒品检测仪设备图见图 6.3.2。

可分析爆炸物有：TNT、PETN、DNT、HMX、TATP、HMTD、RDX（黑索金）、SEMTEX（塑胶炸药）、Tetryl、Ammonium Mitrate（硝铵）、NG（硝化甘油）、Black Powder（黑火药）。可分析的毒品有：可卡因、海洛因、安非他明、MDA、甲基安非他明、MDMA、MDEA、四氢大麻醇、PCP。

第四节　液体检查器

2006 年 8 月发生在英国机场的恐怖分子企图用液体炸药摧毁数架航班的事件，以及近年来国际恐怖主义活动的增加和恐怖威胁手段的不断更新，促使很多国家对液体的安全检查愈来愈重视，纷纷出台法规提高对机场、海关等大型重要公共场所的安全检查标准，以防范可能发生的安全威胁。液体安全检查是判断液体是否对特定公共场所安全构成威胁的一个过程，主要目的是防止液体危险品特别是液体爆炸物被带入公共区域。由于传统的安检设备难以识别出液态爆炸物，使公共安全存在极大隐患，故各国纷纷研究用于液体安全检查的新技术。目前欧盟的液体安检标准已经比较完善，是国际范围内广泛采用的标准。本文将对欧盟液体探测系统检测标准以及世界上一些先进的液体探测设备进行简单介绍。

一、欧盟关于液体检测的原则标准

（一）液体检测要求

在我国，对于旅客乘坐国内航班飞机随身携带的液态物品，中国民航安检规定：禁止旅客随身携带的液态物品包括液体、凝胶、悬浮颗粒等形态的液态物品。旅客可携带旅行自用的化妆品，但不包括洗发液、淋浴液。容器容积超过100 ml，无论容器中剩余多少，不许携带；容器容积低于 50 ml，可免予开瓶检查。旅客可携带适量的牙膏及剃须膏，每种限带一件，每件容积不超过 100 g（ml）。

与中国民航关于液体安检的法规有所不同，欧盟航空安全法规规定从 2006 年 11 月起乘客携带的液体体积不大于 100 ml（约 3.4 oz）方可登机，但从 2013 年 4 月 20 日 9 时起欧盟对液体数量的限制已被取消。此外，欧洲民航会议（ECAC）制定了特定的法规 185/2010 和 297/2010，其中规定了液体探测系统（LEDS）开发设备应符合的特定标准。

（二）液体探测系统（LEDS）原则

欧盟液体探测系统要求符合以下原则：（1）LEDS 应能够用于筛查液体、悬浮颗粒和凝胶（LAGs）并通过指定的报警设置显示出来；（2）检测不受盛放液体、悬浮颗粒和凝胶（LAGs）容器的形状和材料影响；（3）检测设备所应用的方式应能使容器被定位定向地检测，从而完全发挥安检设备的检测能力；（4）设备应能在以下几种情况下报警：①检测到威胁物质；②检测到能隐藏威胁物质的材料；③不能确定液体、悬浮颗粒和凝胶（LAGs）是否是威胁物质；④被检测的容器密集度太大而不能被设备分析。

（三）液体探测系统（LEDS）标准

ECAC 的认证级别从操作方式和检测性能两个方面进行划分，从操作方式可划分为 A、B、C、D、D+五种；从检测性能上可分为标准 1 和标准 2 两个级别，其中标准 2 的检测性能优于标准 1。ECAC 认证中操作方式的等级划分表见表 6-4-1 所示。液体探测系统（LEDS）检测性能标准表见表 6-4-2 所示。

表 6-4-1　ECAC 认证中操作方式的等级划分表

名称	操作方式
A 型	单瓶检测，需要将液体从包裹取出，需要打开容器对液体采样
B 型	单瓶检测，需要将液体从包裹取出
C 型	多瓶检测，需要将液体从包裹取出
D 型	不需要将液体从包裹中取出
D+型	当包裹中装有复杂电子产品（例如笔记本电脑）时，仍然可以检测

表 6-4-2　液体探测系统（LEDS）检测性能标准表

	A 型设备	B 型设备	C 型设备	D 型设备	D+型设备
标准 1	1. 单瓶检测； 2. 需要将液体从包裹中取出； 3. 需要打开容器对液体采样。	1. 单瓶检测； 2. 需要将液体从包裹取出； 3. 不需打开或拧松被检容器的盖子。	1. 同时检测多瓶液体； 2. 需要将液体从包裹取出； 3. 一站检测解决安全问题； 4. 现有工作人员都可操作此系统； 5. 无额外必需的技术要求； 6. 实时分析使其有高吞吐量； 7. 能同时筛选至少 2 个液体容器。	1. 无需从行李中取出容器； 2. 能同时筛选多个液体容器。	1. 无需从行李中取出容器； 2. 能同时筛选多个液体容器； 3. 能检测包裹中复杂的电子产品。

	A 型设备	B 型设备	C 型设备	D 型设备	D+型设备
标准 2	1. 单瓶检测； 2. 需要将液体从包裹中取出； 3. 需要打开容器对液体采样； 4. 检测高效，误警率低。	1. 单瓶检测； 2. 需要将液体从包裹取出； 3. 不需打开或拧松被检容器的盖子； 4. 分析时间短； 5. 误警率是所需阈值的三分之一； 6. 检测结果清晰。	1. 同时检测多瓶液体； 2. 需要将液体从包裹取出； 3. 一站检测解决安全问题； 4. 现有工作人员都可操作此系统； 5. 无额外必需的技术要求； 6. 实时分析使其有高吞吐量； 7. 能同时筛选至少 4 个液体容器。	1. 无需从行李中取出容器； 2. 能同时筛选多个液体容器； 3. 高通量低误报警率； 4. 液体检测范围广。	1. 无需从行李中取出容器； 2. 能同时筛选多个液体容器； 3. 能检测包裹中复杂的电子产品； 4. 高通量低误报警率； 5. 液体检测范围广。

二、世界典型液体探测系统简介

（一） A 型设备

目前，为全球军事与民用市场提供先进安全系统的美国史密斯探测公司（Smiths Detection）推出了 ResponedR BLS 液体扫描仪，并得到了欧盟液体探测系统（LEDS）标准 2 的 A 型设备认证。ResponedR BLS 是一个桌面系统，检查时无论瓶子是清晰的还是半透明的或是磨砂的，该产品都可从其中辨别出危险液体。该设备的特点有：一是可从未开封的透明或磨砂玻璃、塑料瓶子中轻松扫描出被检液体；二是快速分析时间仅 20 s；三是使用低能量激光（<100 MW）驱动；四是检验结果清晰。

（二） B 型设备

EMA-3 液体分析仪是意大利启亚公司（CEIA）的产品，目前已成功通过了测试，符合标准 2 对 B 型设备的要求并得到认证，可用于检测液体、悬浮颗粒和凝胶（LAGs）。该产品是为检测瓶装液体而设计，其程序使用很简便，并且校准装置为自动设计，产品能检测的容器材料种类丰富，包括塑料、玻璃、陶瓷、金属容器等。该产品具备分析时间短（分析时间仅 5 s）、高运行效率、易用性、无电离辐射和机械运动部件、检查准确快速、检验结果清晰、设计紧凑等特点。

（三） C 型设备

ACX 6.4—MV（3view）with Optosecurity XMS 是美国 L-3 通信公司推出了新一代 X 光系统产品，该设备符合欧洲对液体爆炸物检测系统（LEDS）的要求并被评估为 C 型

LEDS，该系统已获得在机场安检站检查液体爆炸物的资格。该设备应用了 L-3 通信公司的很多先进技术，包括三维计算机断层扫描、自动化传统高能的 X 光、主动毫米波成像和金属检测以及高能爆炸物痕量检测。

（四）D、D+型设备

美国安检产品制造商 Reveal Imaging 科技公司 ［该公司为美国科学应用国际公司（SAIC）下属的公司］，其新研制的 CT-800 已通过 ECAC 标准 2 的 D 型设备和标准 1 的 D+型设备认证。

该产品的特点有：一是每小时通过 300 个以上的包裹；二是在 5%～85% 的空气湿度中不结霜；三是全包裹扫描得到清晰的二维图像或可选的三维图像；四是独立或集成化的线性系统；五是成像功能强大（如多层次对比，边缘增强）。

第五节　发展方向

目前日益严峻的国际安全形势、美国和欧盟的政策推动、基础设施的新建需求、设备更换周期的来临以及相对稳定的财政预算等因素，推动了安检设备市场的发展，构筑了安检设备市场的新格局。结合目前的发展形势来看，安检设备产品发展趋势将重点体现在以下四个方面：CT 型爆炸物自动探测系统将逐步替代常规 X 射线扫描设备及 AT 机；人体成像安检设备将替代金属探测设备；瓶装液体安检技术有待突破；集装箱货物/车辆检查系统在降低成本的基础上提供更高的通过率。

【思考与练习】

1. 目前人体成像技术的三种类别是什么？
2. 试比较三种人体成像安检技术。
3. 毫米波成像安检门的优势有哪些？
4. 相比于普通 X 射线机，CT 安检产品的优势有哪些？
5. 目前世界上最先进的行李检查设备技术是什么？
6. 试列举三种国际爆炸物探测器。
7. 国内与国际民航液体检测要求分别是什么？
8. ECAC 的认证级别依据操作方式不同，可以将液体探测系统（LEDS）如何分级？
9. 试举例世界典型液体探测系统。
10. 安检设备产品的发展趋势是什么？

参考书目

[1] 赵自然．人体安检新技术的分析与探讨．中国安防．2012.3：34~36

[2] 桑伟，岳胜利等．毫米波成像技术在人体安全检查领域的应用．中国安防．2013.4：83~87

[3] 崔锦，胡斌，李娜，赵自然等．安检设备市场的产品发展与趋势分析．中国安防．2013.4：59~63

[4] 李保磊，张萍宇等．国外 CT 型安检设备与技术发展．中国安防．2013.6：84~87

[5] 乐爱兵，钟鑫等．美国知名安检公司最新产品巡礼．中国安防．2013.10：104~108

[6] 张娴，杨立瑞等．欧盟液体探测系统检测标准及世界先进液体探测设备介绍．中国安防．2013.5：101~103

[7] 雷凌，陈思义等．液态爆炸物安检设备概览．中国安防．2010.6：54~59

[8] 许正光．液态爆炸物安检设备—国内外液态爆炸物安检设备与技术发展综述．警察技术．2010.6：50~53

[9] 陈思义．国内外液态爆炸物安全检查技术和设备的发展．辽宁警专学报．2010.5：68~71

[10] 民航局职业技能鉴定指导中心．《安全检查员》第五版

[11] PD140 手持金属探测器操作手册

[12] 02PN20 型金属武器探测门操作手册

[13] METOR200 型金属探测门操作手册

[14] 02PN20 Elliptic 金属探测器操作手册

[15] CMEX-V6550B X 射线机操作手册

[16] HI-SCAN 6040X 射线机操作手册

[17] XR200 便携 X 射线成像仪操作手册

[18] IONSCAN 400B 检测仪操作手册

[19] QSH150 便携式爆炸物痕迹检测器操作手册

[20] VS-UVSS-1F 车底违禁物品安全检查系统操作手册